子どもの学力を伸ばしたければ、
食事をこう変えなさい

中学受験は食事が9割

洋子 Omote Yoko

光文社

はじめに

この本を手にとっていただきありがとうございます。

子どもには健康であってほしい。これは、どの親御さんにも共通する願いでしょう。子どもには成績優秀であってほしい。これもまた、多くの親御さんが共通して願うことと思います。

これらを両立させる一石二鳥の方法があります。お子さんに料理をはじめとした家事をお手伝いしてもらうことです！

食事が健康に与える影響について、異論を唱える方はいないでしょう。しかし、それが学校の成績はもちろんのこと、受験の内容にも大いに関係していることをご存じの方はまだ少ないかもしれません。

「ところてんとそうめんの主な原材料を答えなさい」

これは、都内の女子御三家の一つ、女子学院中学校の2021年度の社会で出題された問題です。

「おもに米を利用した発酵食品ではないものを1つ選び、記号で答えなさい」

こちらは、都内の男子御三家の一つ、麻布中学の社会の問題です(2021年度)。

同じく2021年度には神奈川の女子御三家の一角、横浜雙葉《ふたば》中学の国語の入試問題で、姉妹が家族に「豆腐とわかめの味噌汁」をふるまうお話から、敬語や文法の言葉の知識を求める問題が出題されています。

このように、今、中学校の入学試験には、料理や食品に関する問題が頻出しているのです。

申し遅れましたが、私は料理家で「受験食事マイスター」の表《おもて》洋子といいます。都内の大手進学塾に食育担当として勤務し、現在は小学校受験や中学受験を目指す保護者の方への食育アドバイス、保護者とお子さん対象の料理教室などを行う「賢母の食卓」を主宰しています。

中学受験の準備は、一般的に、4月に新4年生になる直前の2月頃が多いとされています。ただ、都心エリアに絞れば、中学受験を目指すための塾の席の確保は小学1年生から始まっていると言われるほど熾烈《しれつ》さを増しています。

難関校、名門校となれば、受験生の多くは試験対策はしっかりしてくるものです。差がつくとしたら、たとえば家事だったり、身の回りのさまざまなことに興味を持つことだったりなど、机の上での勉強以外のところにある、と私は考えています。なかでも、家事の中の料理については、先ほど紹介したように近年出題が増えていることからも、学校側が重視していることは間違いないでしょう。


以前、ある塾の先生が、こんなことをおっしゃっていました。

「おせち料理のような日本の行事食を家庭で体験してきていない子どもがあまりに多い」

時代の変化とともに、古来続いてきた風習が廃《すた》れ、その影響が家庭にも及んでいるというのです。

その一方で、おせち料理をはじめ1月7日の七草がゆ、大晦日《おおみそか》の年越しそばなどを、家庭の恒例行事として幼児期から親しんでいる子どももいます。行事食だけでなく、いちごの季節にはジャムづくり、大寒の時期の味噌づくりなど、親と子どもが一緒にキッチンで何かをつくるという体験に積極的に取り組んでいる家庭もあります。

そういった家庭で育った子どもが、先のような入試問題を解く際に、実体験から来る生きた知識の中から容易に答えを導き出せることは言うまでもありません。

そして学校側も、そんな子どもに「うちの学校に来てほしい」と願っています。机に向かって勉強することがすべてでなく、幼少期から日常生活を送る中でさまざまな興味を広げていることが大事、と学校側がメッセージを伝えていると、進学塾でも分析されています。

算数や国語などさまざまな科目の問題にきちんと答えることができ、なおかつ、食事マナーや料理、世の中の動きまでも、ちゃんと目配りができているという……。こういったすべてを子どもに求められているのが今の中学受験の現状なのです。この傾向は、この先も続くであろうと受験関係者の間では言われています。

キッチンで料理や後片づけを手伝えば、食材の特徴、産地や量や割合など、理科、社会、算数とさまざまな科目の土台になります。料理だけでなく、洗濯物の乾かし方、たたみ方、掃除の段取りなど、家事を効率的に行うには、さまざまな工夫が必要で、考える力を鍛えることにもなります。

体験を通じた知識や知恵は、身につきやすく、応用力もつくため、過去問にはない新しいタイプの問題に出合ったとき、大いに助けとなってくれるでしょう。

ここで本書の内容をご紹介します。

第1章で、近年の中学受験を中心に、学校が家庭での食事や家事をいかに重視しているか、どんな生徒を求めているかをお伝えします。

第2章で、今の子どもを取り巻く食事の問題を体の面から考察し、保護者はどんなふうに子どもをサポートしてあげればよいかをご紹介します。

第3章では、受験に際して子どもに求められる食事の作法や理想の姿勢などについてふれます。

第4章では、料理や食を通して子どもに「生きる力」を身につけてもらう方法について、お伝えします。

第5章では、手軽につくることができて、子どもにとっても栄養価の高い料理のレシピを、朝ごはんや晩ごはん、夜食などに分けてご紹介します。

第6章では、「季節の手仕事」として、行事食や味噌、ケーキなどのつくり方をご紹介します。味噌づくりや梅干しづくりなど、一見手間や時間がかかりそうですが、親子が力を合わせて楽しくつくることができるものばかりなので、きっとあっという間につくり終えてしまうでしょう。その体験は、子どもの将来にとってかけがえない財産になるはずです。どの月も受験に役立つ知識とともに紹介しています。

また、お子さんの食生活の改善に取り組んだ方たちの体験談も掲載しました。ぜひ参考にしてみてください。

受験勉強のほかにも習い事など、大人顔負けの忙しい毎日を過ごすお子さん、そして仕事をしながらそれを支える親御さんにとって、本書が、その一助となり、お子さんが強い心と体を育《はぐく》み、受験で本来の力を発揮できるよう心より願っております。

二〇二四年如月

表　洋子

もくじ

第1章 中学受験で求められる要素が変化してきた　15

第2章

なぜ受験に食事面からの対策が必要なのか　43

第3章 合格するための「食事作法」　85

第4章 食卓を通して身につけてほしい「生きる力」

第5章

お手軽！ 美味しい！ 脳と体にいい！ 「合格メニュー」30選 129

第6章 受験に役立つ！「季節の手仕事」12か月 161

●カバーデザイン／松沢順一郎
●本文デザイン／石川直美
●構成／林美穂
●イラスト／窪田麗子

第1章

中学受験で求められる要素が変化してきた

教科書だけの学力では合格できない

私たち大人が子どもだった時代の受験勉強といえば、「暗記が大事」というふうに、主に知識量を問われていました。しかし、今の子どもたちが受験する入試の「質」は、大きく変わっています。知識を詰め込んだだけの学力では、太刀打《たちう》ちできなくなっているのです。

難関といわれる中学校の入試問題を見ると、**近年は知識だけを答えさせる問題が減る代わりに、思考力を問う問題が増えています**。思考力とは、知識はすでに頭にある前提で、それを使って自分で答えを導き出す力、いわば考える力です。他にも、人の気持ちを読み取る読解力や、自分の頭の中の考えを文章で説明する記述力を求められる傾向が強くなっています。

知識を問う問題ももちろんありますが、それに加えて論理的に考える力などを見て、合否を判断する学校が増えている。この10年ぐらいは、とくにその傾向が強くなっていると言えるでしょう。

なぜ、近年このように入試の質が変化してきたのでしょうか。

そもそも中学受験を志す子の大半はしっかり勉強をしていますから、総じて学力が高いものです。そのため、いかに知識を蓄えているかを問うだけでは、点数の差がほとんどつかなくなっています。また、小学校受験や中学受験をする家庭は環境が似ているため、合格する子もどうしても似た傾向になり多様性に欠けてしまう。そういったことが背景にあると考えます。

勉強だけではない広い視野が求められている

今、難関校や名門校が求める子の素養の一つに「家事」があります。

都内の中学受験で「男子御三家」と呼ばれる最難関の一つ、開成中学・高校の野水勉《のみずつとむ》校長が「中学受験をするのであれば、まずは勉強する前の土台として、家庭で〝家事〟、その中でも、まずは〝料理〟をやってきてください」という趣旨のことをおっしゃっています。（『プレジデントＦａｍｉｌｙ ２０２２年春号』プレジデント社）

これは、目の前の合格だけにとらわれず、学校を卒業した後のことまで見据えた広い視野をもってほしいというメッセージだと私は受け止めています。

難関校ほど将来のリーダーを育てる意識が強く、国際社会に対応できる人材を育てるというビジョンのもと、生徒はそれに即した教育を受けることになります。将来、留学や海外で働く道を目指す生徒も増えるでしょう。そこで一人暮らしをするとなれば、家事は必須のスキルです。いくら勉強ができても、親の助けなしに身の回りのことは何一つできないとなると困りますよね。とくに、食事の用意ができなければ、栄養不足になったり、心身の健康に支障をきたしたりしかねません。

つまり、**勉強ができる以前に、人として生きていくうえで、土台になる力をつけておいてほしい**。開成の校長先生の言葉には、こうした思いが込められているのです。

子どもが料理を手伝うようになると、毎日料理をつくることの大変さを実感して、家族への感謝の気持ちが芽生えてきます。こうした経験の積み重ねが、学校で仲間と共同作業を行う際に、どうすれば自分は他の人の役に立つことができるか、という行動につながり、やがて、将来的にリーダーとして育っていくことになるのです。

これは、開成中学だけの話ではなく、難関中学の入試問題全般にいえる傾向です。実際に、家のお手伝いをしていないとわからないような問題も続々出題されています。これらは、教科書の知識だけでは解けません。

たとえば、２０２１年度の麻布中学の入試では、社会科で「袋入りの便利なカット野菜が増えてきた理由を消費者と農家、それぞれの立場に立って答えなさい」という問題が出されています。ふだん新聞やテレビのニュースに接していれば、答えは「野菜を切る手間が省ける」「形の不揃《ふぞろ》いな規格外の野菜でも消費できる」などいくつか出てくるかもしれません。ただ、日常的に母親とスーパーに買い物に行ったり、親との会話を通して得たりする知識でもあります。

家事は、理科や社会につながる興味や関心を伸ばすことができる最高の知育です。子どもは、自分がお手伝いをして体を使って学んだことは、よく覚えているものです。そういうことを、学校は入試問題を通して見ているのです。

家庭の食卓が合否を分ける

家事の中で料理はひときわ重要です。食事は体づくりの基本中の基本だからです。慶應義塾の創立者である福澤諭吉先生は、教育の鉄則としてこのような言葉を残しています。

「先《ま》ず獣身を成して而《しこう》して後に人心を養え」（獣のような強い体をもち、そうしてその後、人の心を養え）

学ぶこと以前の大前提として健康であることが一番ということです。獣身（獣のような体）とは大袈裟《おおげさ》な表現に思えますが、要は、体づくりが大切だと説いているのです。実際「慶應義塾幼稚舎は体格がいい子が合格する」という都市伝説があるほどです。

通常、小学校の入試では親子もしくは保護者の面接がありますが、慶應にはありません。子どもを見れば家庭がわかる、食事を含めた生活ぶりも見える、ということなのでしょう。

慶應に限らず、体づくりを重要視している学校は増えています。共学校や男子校の場合、運動テストが試験に含まれている学校も多くあります。とくに社会のリーダーを育てる意識の強い最難関の学校ほど、その傾向があり、国立最難関の筑波大学附属小学校では、ふくらはぎの筋肉のつき具合をチェックしている、という噂を耳にしたこともあるほどです。

もちろん、体質的に細身のお子さんもいるでしょう。それでも元気はつらつとした姿ならば問題ありません。必ずしも、体を大きくしなくてはいけないということではなく、心も体も健全であることが、基本として求められているのです。

食べることに意欲がある＝生きる力がある

家庭の食事が大切とはいっても、「手の込んだ料理を並べてください」「高級な食材を使った料理にしてください」ということではありません。健康な体をつくるために、食事にどれくらいの意識をもって取り組んでいるか。それはお子さんの体つきや肌のつや、体調に表れます。

もちろん運動で体力をつけることも大切ですが、運動のエネルギー源になるのは、やはり食事です。

小学校受験では、面接で「嫌いな食べものが給食に出てきたらどうしますか？」など、「食べものの好き嫌い」を質問されることがよくあります。

「好き嫌いがない」（あるいは少ない）というのは、健康に対する関心が高く、食欲も旺盛。つまり、体力がある証拠です。そして、机上の勉強だけではない「味覚の教育」が的確にできている証《あかし》でもあります。

近年、偏食のお子さんが増えています。偏食を直す取り組みは、受験のためだけではありません。好き嫌いなく何でも食べることは、子どもの将来の健康に確実につながっていきます。

中学入試で「料理の科学」が頻出

麻布中学の理科の入試問題に「エスプレッソの淹《い》れ方」が出題されたことがありました（2019年度理科）。コーヒー豆の挽《ひ》き方や淹れ方、味への影響に加え、エスプレッソを淹れるときの豆の挽き方、器具の扱い方、お湯の注ぎ方などを求める問題が出されました。

小学生がエスプレッソを飲むことなどふつうはないでしょうし、学校でも塾でも教わることはありません。もちろん、麻布中学もエスプレッソの好きなお子さんを求めているわけではないと思います。

では、なぜ、小学生にこのような問題を出すのでしょうか。

自分は飲まなくても、親がエスプレッソを淹れる姿を見て、好奇心が刺激されているか。質問をしているか。また、「親のために美味《おい》しいエスプレッソを淹れてあげたい」と思うようになるか。

そんなふうに家族との温かい交流があり、親への感謝の気持ちが育まれる家庭に育っているかというところを、学校側は知りたいのではないでしょうか。「これが理科の問題なのか」と思うかもしれませんが、濃度を求める部分など、ちゃんと理科の要素が入っています。

これも麻布中学の理科の入試ですが（２０２０年度）、パウンドケーキが膨《ふく》らむメカニズムについて出題されたこともあります。

パウンドケーキのメインの材料はバター、砂糖、卵、薄力粉です。バターに砂糖を加えて泡立てると中に空気の泡ができます。この状態でオーブンに入れて加熱すると、生地《きじ》の中で発生した水蒸気によってその泡の体積が増し、生地が膨らんでいきます（183ページ）。エスプレッソの淹れ方と同様に、このことを知識としてもっている小学生は少ないでしょう。自分が焼き菓子を食べたり、親がケーキを焼く様子を見たりした経験を思い出しながら、生地がどのように変化するかを推測することで、答えを導くことになります。

このように麻布中学の理科では、単純に知識を問う問題はあまり出題されず、与えられた条件をもとに、自分で考えて答えを導き出す問題が頻出しています。

その出題傾向に、「先の読めない不確実な世の中で活躍していくためには、知識の詰め込みやマニュアルにとらわれず、自ら考えて答えを導き出していける人間が必要」という学校側の強い意思を感じます。

また、「女の子が好きなこと」というイメージのお菓子づくりに関する問題を、男子校が出題する背景には、「固定観念やジェンダーにとらわれない考え方」ができる生徒を求めていることも読み取れます。

料理から探求心を深掘りする子が求められている

都内の女子御三家の一角を占める桜蔭《おういん》中学では、いちごジャムのつくり方が理科で出題されたことがあります。

いちごをつぶしたり火にかけたりというジャムづくりのプロセスを問うのではなく、最後のビン詰め工程に関する問題です。

ジャムというのは、果物を長期保存するための方法です。果物に砂糖を混ぜるのは、砂糖に保存性を高める作用があるからです。

生のいちごに砂糖をまぶしてしばらく置いておくと、いちごの水分で砂糖が溶けます。これは、浸透圧の働きによるものです（163ページ）。細菌やカビは水分がある場所で増殖するので、いちごから水分が抜けると、いちごは腐りにくくなります。ただ、ジャムをビンに詰めただけでは、ビンの中に空気があるため細菌が繁殖したりカビが生《は》えたりします。これを防ぐには、ビンの中から空気を除いて真空状態にしなければなりません。

それには手順があって、まずビンのフタを軽く閉め、ビンの高さの9割ほどの熱湯が入った鍋に入れて煮沸します。その後、一瞬フタをゆるめると、わずかなすき間ができた瞬間に内部の空気が逃げていきます。この際に、シュッという音がします。

この空気を抜いて真空にすることを「脱気《だっき》」といいます。桜蔭中学で出題されたのは、それを答えさせる問題なのです。

果物を使ったジャムづくりの経験がなくても、脱気についての知識があれば解ける問題かもしれません。ただ、そこまでフォローしている小学生は少ないでしょう。私は料理の専門家ですが、中学入試にこのような問題が出ることを知って、とても驚きました。これは調理師や管理栄養士の国家試験に出るような問題です。とくに麻布・開成・桜蔭の3校は、比較的、そのような出題の傾向があります。

小学生に「自分でお菓子がつくれる」ところまでは求めていないと思いますが、家族がつくる姿を見て、「パウンドケーキって、どうやってできるんだろう?」とか「ジャムをつくるとき、なぜビンを熱湯に入れるんだろう?」などという疑問が湧いているかどうか。そんな好奇心や、そこから先の探求心の有無を学校側は知りたいわけです。そのために、親がふだんからさまざまな物事に対して子どもが興味を抱くきっかけをつくり、「なぜ」「どうして」に答えてあげたり、一緒に調べたりすることを積み重ねることが大切です。

日本の伝統的な食文化の出題が増えている

年中行事や祝日、それにまつわる伝統的な食文化の出題も頻出しています。

それは文部科学省が平成20（２００８）年3月・平成21（'09）年3月に改訂した中学の社会科の新学習指導要領において、「我が国の国土と歴史に対する理解と愛情を深め、公民としての基礎的教養を培い、国際社会に生きる平和で民主的な国家・社会の形成者として必要な公民的資質の基礎を養う」と明記されていることからもわかります。各教科において、郷土文化や年中行事などの指導の充実を求めているのです。

これは、グローバル社会で活躍する人材の育成に深く関わっています。母国のことを知らないと恥をかくような場面があるからで、開成学園の校長先生がおっしゃっていること（17ページ）にもつながります。

具体的にどのような問題が出されるのでしょうか。たとえば、五節句に関することです。五節句は、1月7日の人日《じんじつ》、3月3日の上巳《じょうし》、5月5日の端午《たんご》、7月7日の七夕《しちせき》、9月9日の重陽《ちょうよう》です。

「人日」の節句は、「七草」と言ったほうが通じるでしょう。その春の七草にまつわる質問は、中学受験、高校受験ともによく出題されます（セリ・ナズナ・ゴギョウ・ハコベラ・ホトケノザ・スズナ・スズシロ）。

七草にお粥《かゆ》をつくることもそうですが、日本には季節ごとの手仕事がたくさんあり、その出題も多く見られます。

たとえば、6月から7月にかけての梅干しづくりも季節の手仕事です。梅の実に塩をまぶすと、水分がたくさん出ます。横で見ている子どもは「どうしてなんだろう」と疑問をもちます。25ページで述べた浸透圧が関係しているのですが、梅が全部浸《つ》かるほど水分が出てきます。ジャムづくりでも、果物に砂糖をまぶすとやはり水分が出ます。それも同様に浸透圧が関係しています。すると、「塩と砂糖の違いはなんだろう?」と、また別の視点から子どもたちは興味が湧いたりするのです。比重の違いがあるのですが、そこから深掘りすると、かの有名な「アルキメデスの原理(浮力)」につながったりもします。

砂糖の浸透圧については、透明のビンに入れておくと一目でわかります。たとえば、梅と氷砂糖(通常の砂糖でも可)を混ぜて透明のビンに入れておくと、梅から水分が出て梅は浮き、氷砂糖は下に沈んで溶けます。これは、梅シロップづくりから学べます(164ページ)。

私が以前勤めていたTOMAS(トーマス)および伸芽会《しんがかい》池袋本部教室では、毎年6月になると、通塾生が利用できるカフェテリアに梅と砂糖を混ぜたビンが置かれ、日々の変化が目で確かめられるようになっていました。今は塾でもそのような工夫をしています。

しかし、すべての手仕事を週に数回しか通わない塾で見せるのはやはり難しいものです。そこで本書の第6章で、家庭の台所でできる「季節ごとの手仕事」を紹介しています。子どもと一緒につくってみると、理科や社会に関する知識がしっかり身につくと同時に、新しい発見もあるでしょう。子どもの受験は自身のがんばりが必要なのはもちろんですが、親のサポートなくして成功は叶いません。ぜひ一緒に取り組んでみてください。

味噌を仕込めば合格率が上がる!?

味噌《みそ》づくりをはじめとする発酵《はっこう》のメカニズムに関する問題は、麻布中学でよく出題されます。

味噌は日本を代表する食べものの一つ。大豆に麹《こうじ》と塩を合わせて、熟成させてつくります。大豆自体も栄養豊富な食品ですが、発酵させることによって、より栄養価が高まって、体への消化吸収がされやすくなります。また、高い塩分濃度によって防腐効果も高くなります。

味噌づくりに適しているのはいつかというと、大寒《だいかん》という一年で最も寒い時期（1月20

日頃から、立春の前日の節分までの間）に仕込むとうまくいくといわれています（これは「大寒仕込み」と呼ばれます）。その時期は気温が低く、雑菌が繁殖しにくいからです。

この時期に、家庭の恒例行事として、**家族みんなで味噌の仕込みをすることをおすすめします**（184ページ）。味噌の材料に何を使うのか、なぜ発酵するのかということもわかりますし、実際に発酵していく過程も見ることができます。これはお子さんの記憶にしっかり残ります。早ければ半年くらいで召し上がる方もいますが、一年くらいかけてゆっくり熟成させると味噌特有の深みのある味がより醸《かも》し出されます。

味噌の保存は発酵するまでは室温で大丈夫です。冷蔵庫に入れると、温度が低すぎて、麹の働きが弱まってしまいます。

発酵食品に関する問題では、このようなものも出題されたことがありました。「日本の伝統的な味噌、醤油《しょうゆ》、みりん、酢といった昔から使われている調味料の中で一つだけ原材料に米が入っていないものがあります。それを答えなさい」という問題です。

大人でも、どんな材料が使われているか、意識していないとわからないかもしれません。答えは、醤油です。

調味料の裏のラベルには原材料が書かれています。使われている原材料の多い順に載っているのですが、子どもにそういうものを見る習慣があるかどうか、関心があるかどうか、一歩踏み込んで実際に味噌や醤油を手づくりした経験があるかどうかを見られています。

ジャムや味噌を手づくりしている時間なんてないという方もいらっしゃるかもしれませんが、子どもはふだんの料理からでも科学的なことに興味を抱いたりするものです。たとえば肉や魚を焼くと焼き色がつきますが、これはメイラード反応という化学反応が起こるからです（192ページ）。こういった問題が実際の入試に出てきます。

物事に興味をもち、自分で調べて理解しようとする姿勢は、将来さまざまな分野で活躍する上での必須の素養といえます。

ふだんから興味の幅が広く、いろいろなことに関心をもっているかどうか。そういったところが入試で問われているのです。

食事のマナーに関する出題も増加

料理や食文化とともに、近年よく出題されているのが、食事のマナーに関する問題です。

小学校受験では、子どもの生活力を確認するために出題されています。とくに女子校の場合、食事は大変重視されています。

中でも、「お弁当」は、家庭の「食」に対する考えが表れやすいので、頻出しています。

実際に、横浜雙葉《ふたば》小学校では、コロナ禍前までは、家族がつくったお弁当をもってくるようにと事前に指示があり、「お弁当を食べてみてください」という〝名物試験〟がありました。

試験官がどこを見ているかというと、まず、お弁当を食べるときの作法です。

お弁当箱は巾着《きんちゃく》など、お弁当箱専用の入れ物でもっていきますが、開け口が紐《ひも》で縛ってある場合、それをどのようにほどくか。ランチョンマットやひざ掛けは入っているか。

お箸をテーブルの上にどのように並べるか。フタを開けたら、それをどこに置くのか。中身は、豪華である必要はありませんが、すべて手づくりかどうか、彩りが豊かで季節感があるか、栄養的にバランスはとれているかなどを見られます。

食べている最中も、好き嫌いはしていないか。正しい箸の使い方ができているか、口の中に食べものが入っている状態でおしゃべりしていないか。時間内に食べ切れるか。食べ終えて、お弁当箱を巾着の中にしまった後、紐をちょう結びにできるかどうかなども、要注意ポイント。ちょう結びもふだん練習していないとできません。そういったことまで家庭でちゃんと教わっているか。**「お弁当」一つで、家庭のしつけが一目瞭然《いちもくりょうぜん》**なのです。このような家庭での食育を重視する学校では、入学後も創意工夫を凝らした弁当が毎日求められ、先生からチェックされます。

やはりお子さんも初めての場所では緊張するでしょう。「いつもできていることができない」のが入試です。ふだんはお箸を正しく使える子どもでも、つい間違ったもち方をして、食べものを落っことしてパニックになってしまうこともあります。そうならないためにも、親としては、弁当をつくるときに工夫してあげることが大切です。たとえば、丸い形のものは丸いままではなく半分に切って箸でつかみやすくしておいてあげると、そんな〝事故〟も起きにくくなるでしょう。

また、おかずをきんぴらごぼうや筑前煮のような根菜類を使った和食にすると、手づくりの家庭料理を食卓に並べている家庭という印象を与えることができます。

雙葉小学校では、「おもちゃのお弁当箱、食べもの、お箸を使って、お弁当箱を完成させてください」という出題も過去にありました。親と相談してもいいとされていて、そこには、**子どもが自分でお弁当を詰めた経験があるか、また、親子のふだんの関わり方はどんなものか**を見るという意図が込められています。

配膳はゲーム感覚で

食事のマナーの一つとして、小学校受験の考査では配膳について多く出題されています。慶應義塾中等部など一部の中学の入試でも出題されたことがあります。

白百合学園小学校では、お茶碗《ちゃわん》とお椀《わん》（汁椀）、主菜の魚の皿と箸が出てきて、トレイの上に正しい位置に並べてくださいという課題が出題されています。ふだんから家庭でお子さんが配膳をお手伝いしていたら難なくできる問題ですが、そのような習慣がないと難しいでしょう。

さらに、ごはんに見立てた白いスポンジを、お箸を使ってお茶碗へ移してくださいという課題もあります。

共学校や男子校の場合、そこまで求められることは少ないですが、絵に描いたり、折り紙やティッシュを使った工作でお弁当をつくるという課題は定番です。どんなおかずなのかや、手先の器用さや時間内に完成させる段取り力などが見られているのです。

日本では左側のほうが「格が高い」

食卓で、ごはんのお茶碗や味噌汁のお椀をどう配置するのか、迷うことはありませんか？　お茶碗は左、お椀は右に置くのが決まりです。

会社では会議の場で社長が左側に座ります。**「左《さ》上《じょう》右《う》下《げ》」といって、日本では左側のほうが「格が高い」という礼法のしきたりがある**からです。これを知っていると、社長は左側に座るものだとすぐにわかります。

では、なぜ、お茶碗は左に置くのでしょうか？　昔から日本には、お米一粒一粒に神様

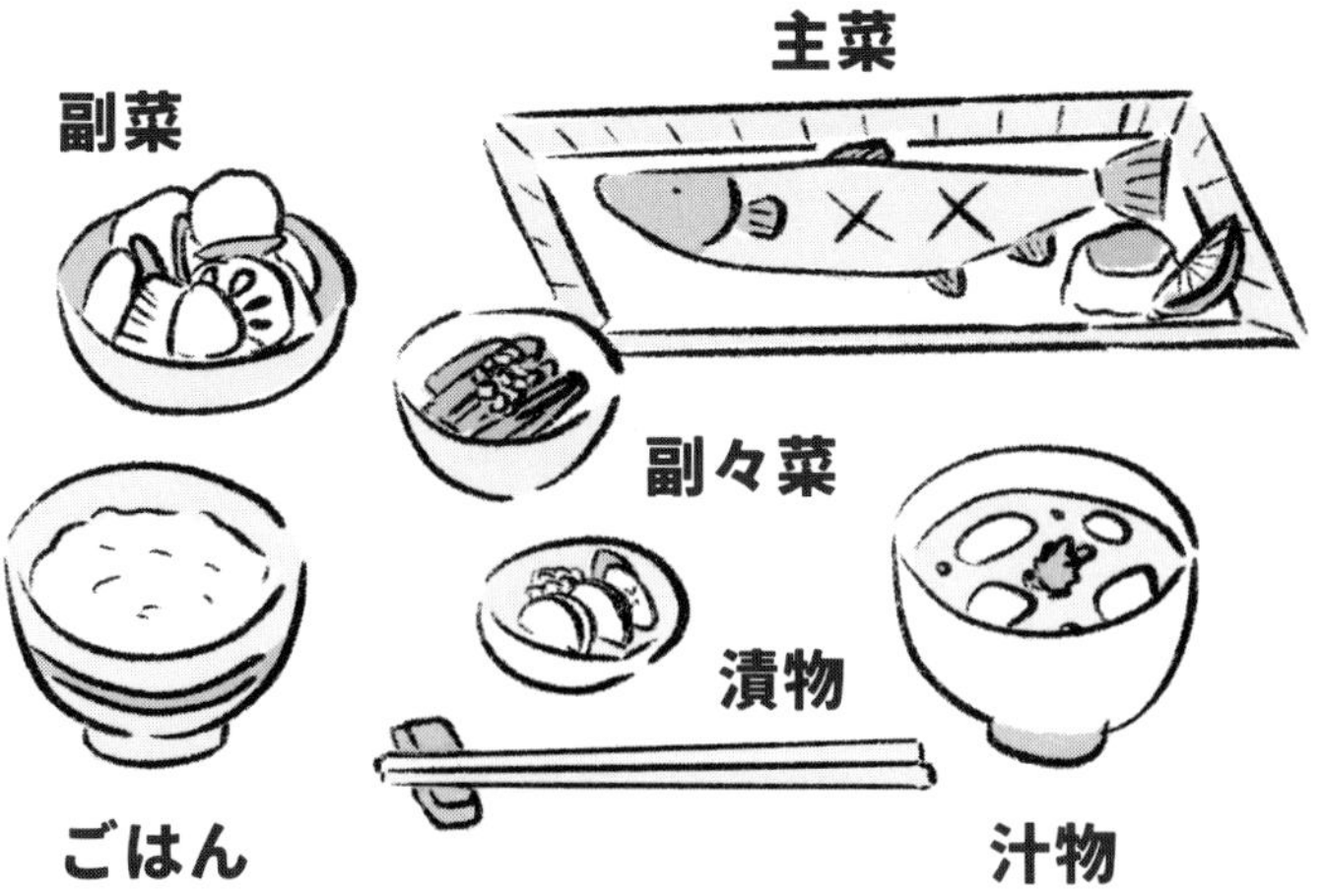

配膳の見本（一汁三菜の場合）

が七柱《ななはしら》宿っているという考えがあります。そんな尊い食べものであるゆえに、お茶碗は左になるのです。

日本人の9割以上が右利きなので、左手のほうがお茶碗をもちやすいという考え方もありますが、左のほうが「格が高い」というのが本当の理由です。

ちなみに、魚の向きは、基本的に頭が左です。切り身では、逆になってしまうこともありますが、そういう場合でも、お腹《なか》は手前、背中が向こう側とルールがあります。

いまや入試問題は、手を替え品を替え、いろいろな角度から出題されますので、ふだんから親が子どもに正しい配膳を教えて実践させておく必要があります。

子どもに役割意識をもたせることが大事

わが家の6歳の子どもも配膳のお手伝いをしています。親は調理で忙しいですから、手伝ってくれると助かるので、それを本人にお礼とともに伝えます。そうすると、「家族の役に立ててうれしい」という気持ちが芽生えてきて、こちらからお願いしなくても、自発的にやってくれるようになります。

子どもに役割意識をもたせることは大切です。年齢が低いほど、楽しんで、「私やりたい」「僕やりたい」と子どものほうから動いてくれます。そのうち、「それはマナー違反だよ」「なんか違うよ」と、子どものほうから間違いを指摘してくれたりもします。そのとき褒《ほ》めてあげることをお忘れなく。子どもの自信につながっていきます。

家事が思考力・段取り力を育む

中学受験の男子御三家「開成・麻布・武蔵」や慶應義塾、渋幕（渋谷教育学園幕張）で出てくる家事の発展問題を見るとやはり、段取り力を問われているなと感じるものが多くあります。実際に掃除、洗濯、料理などの家事をやっていないと解けない問題も見られます。

親に言われてイヤイヤ手伝うのではなく、子どもから自発的に家事を「やりたい」という気持ちが湧いてくるかどうか。興味のきっかけは幼児期にあると思います。おままごとで親の真似《まね》をして料理をしたりするように、子どもは大人がやっていることを真似したがるものです。

おままごとで終わりにせず、幼少期から実際に家事をやらせてあげてください。料理ならレタスをちぎるとか、卵を割るといった簡単なことからでかまいません。うまくできてもできなくても、褒めてお礼を伝えてあげましょう。家族が「〇〇ちゃん、配膳ありがとう。うれしいわ」「テーブルを拭いてくれて助かったわ。ありがとう」と言葉をかけることで、「褒められてうれしい」「また褒められたいな」「家族の役に立ちたいな」という気持ちになって、もっとお手伝いをしたい気持ちになるという好循環が生まれます。

食器の片づけや洗い物で養う段取り力や空間認識能力

食後の洗い物が入試で出題されることはありませんが、段取り力や考える力がつくお手伝いだと思います。

食器という割れやすいものを扱うので、自《おの》ずと注意深くなりますし、「汚れの落としやすいものから洗おう」「大小さまざまな種類のお皿をどの順番で水切りカゴに並べるか」など識別能力や空間認識能力も養われます。そういった点で、小学校受験の面接で家庭での取り組みとしてアピールすることができるかもしれません。

もちろん最初は親がやり方を見せてあげます。もし落としてお皿を割ってしまっても、頭ごなしに叱らないことも必要だと思います。食後に自分から食器を洗うようなお子さんは、「家族のためにやりたい」という気持ちをきっともっているはず。その気持ちを汲《く》んであげてください。

学校によって求める子どものタイプは違う

早稲田実業学校初等部（小学校）は共学ではありますが、身の回りのことを自分で全部できるかどうかを、とても重視している学校です。11月に行われる入試では、そのあたりのことを問われます。

たとえば、大小さまざまなサイズの袋と着替え用の服が用意されていて、試験官から「服を畳んで袋に入れてください」との指示が出されます。「きれいに畳んでください」などと言われることもなく、畳み方を自分で考えて、適切な大きさの袋を選んで入れることができるかどうかが見られているのです。風呂敷で包むよう指示される場合もあります。

これも、付け焼き刃では対応は難しいでしょう。日頃から洗濯物を畳むお手伝いをしていたり、体操着を袋にしまったりといったことを、自分でやっている必要があります。やはり**長期間にわたって習慣をつけていないと、なかなか本番ではできません**。

早稲田実業学校初等部では、女子校でよく出題される配膳の問題も試験に出ています。

また、国立の小学校も私立の小学校も1年生のゴールデンウィークぐらいまでは、登校の際、保護者が子どもを電車やバスで送り迎えするのが通例ですが、早稲田実業学校初等部は初日から「子ども一人で登校させる」という方針をとっていることでも有名です。入学までに登校の練習は済ませておくように、ということなのです。

こうしたことからも、早稲田実業学校初等部では、家庭での生活がしっかりとしていて、自立心のある子どもが求められていることがわかります。

学校によって求めている子どものタイプは違います。**自分の子どもに合った学校、教育理念に共感できる学校を見極める**ことが大切です。

第2章

なぜ受験に
食事面からの対策が
必要なのか

食べもの次第で変化する子どもの健康&パフォーマンス

「受験には食事が大切」という考えは、今でこそ受験生をもつ親の間では知られたことです。なぜ食事なのかというと、頭も体も食べものからできているから、という基本中の基本に行きつきます。

頭も体もエネルギーが切れていると働きません。エネルギーの源となる食事は、車にたとえるとガソリンにあたります。

ここで栄養学的な観点からお話しすると、お米やパンに多く含まれる炭水化物には、ブドウ糖という栄養素があります。そのブドウ糖が、脳が働くエネルギー源になります。ただ、それだけでは足りず、実際に脳を働かせるには、ビタミンB_1を足す必要があります。ブドウ糖とビタミンB_1との組み合わせによって、はじめて脳が働くエネルギーとなります。たとえば、ごはん（ブドウ糖）と豚肉のしょうが焼き（ビタミンB_1）の組み合わせなどです。

豚肉は、夏バテ予防や疲れたときの回復効果があるといわれます。それは、豚肉に含まれるビタミンB_1の働きによるものです。土用の丑《うし》の日にウナギを食べるのも同じで、ウナギにはビタミンB_1や、目や皮膚、粘膜の健康を保つビタミンAが豊富に含まれているのです。

食欲を満たす目的だけではなく、食材の効果的な組み合わせを親が気をつけて子どもに伝えていけば、食に対する意識が高くなり、ジャンクフードばかり食べるということも自然となくなってきます。

「食べもの」が健康な心と体をつくる

数年前に「腸活」がブームになり、腸が脳と密接に関わっていることが広く知られるようになりました。

受験生のお子さんをおもちのご家庭でも、脳や精神面の状態をよくしたいのなら、まずは腸の状態を整えましょうということが、今よくいわれています。

最近、幼児や小学生の間では、便秘症になる子がとても増えているといいます。小学生の3人に一人は便秘症だというのです（広島大学大学院医系科学研究科外科学のホームページより）。便秘が長びくと、腸にたまった老廃物が邪魔をして、栄養の吸収を妨げてしまいます。

便秘の原因は、食物繊維の不足や肉食が多いなど食べものの習慣もありますし、3年にわたったコロナ禍で運動量が減った影響などもあるでしょう。

また、便秘だけでなく、お腹がゆるい体質の子どももいます。食べたものが栄養として吸収されるのが不十分になることがあるので、こちらも栄養不足の状態になってしまうおそれがあります。

便秘や軟便になりやすい原因は、偏食の子どもが増えていることとも密接に関係があるように思います。食事のバランスがとれていないために腸内環境が悪くなってしまうのです。

ただ、親御さんも忙しく、子どもが便秘や軟便の状態にあると気づかないことも多いようです。また、子ども自身に自覚がない場合もあります。**子どものお通じに異常がないかどうか、親御さんはときどきチェックしてあげてください。**便意を催したらすぐにトイレに行っているか、一日に何回排便があるか、トイレに入っている時間が長すぎないか、おならが臭すぎないか、などを目安にしてみるとよいでしょう（中野美和子『赤ちゃんからはじまる便秘問題』言叢社）。

大人でもお通じに異常がある状態では、何かに集中することが困難になりますね。子どもであれば、なおさらです。集中力がなければ当然、勉強にも身が入らなくなってしまいます。

受験では勉強以前に、体調が万全であることは大前提です。そして、体調は食べものによって左右されます。親が子どもの食事に気をつけて、よい体調を維持できるようにしてあげることが、集中力アップにつながっていくのです。

食事がよくないと心の健康が損なわれやすい

イライラしがち、不安になりやすい、緊張しやすい、やる気がない……。そのような子どもの精神的な不安定さは、食事で改善してあげることができます。

精神面にとくに関係が深い栄養素が、糖質です。前述したように、糖質は脳の主要なエネルギー源であり、体にとって不可欠な存在ですから、まったく摂《と》らないというわけにもいきません。ですから同じ糖質を摂るにしても、どのように摂るのがいいのか、何から摂るのがいいのかといった、食べ方・選び方のポイントを押さえておくことをおすすめします。

たとえば、朝ごはんに砂糖がたっぷり使われている菓子パンしか食べなかったり、チョコレートやアイスクリーム、クッキー、ケーキなどの甘いお菓子ばかりをおやつに食べたりする習慣があると危険です。食後、血糖値が一気に上がり、その後一気に下がります。この乱高下を繰り返しているうちにイライラが起きたり、眠気が襲ってきたり、無気力になってしまったりするのです。とくに精製された白砂糖を使った食品は、こうしたことを引き起こしやすいので注意が必要です。

また、菓子パンでなくても白ごはんだけでおかずはほんの少し、などという食べ方の場合も、血糖値の上がり下がりが顕著に表れます。お子さんがイライラしやすいといったご相談を親御さんからいただいたとき、食生活についてお尋ねすると、このような偏った食事をされているケースが多く見受けられます。

こういう場合は、味噌汁や卵料理、サラダや漬け物（ぬか漬けがおすすめ）を加えてバランスよく食べるようにすれば、血糖値の乱高下を防ぐことができます。チーズ、牛乳、ヨーグルトなどに多く含まれるカルシウムは、骨や歯を形成することで知られていますが、神経の興奮を鎮めたり、精神を落ち着かせたりする効果もあります。

すると、早いご家庭では、2週間で「子どもが癇癪《かんしゃく》を起こさなくなりました」「感情の波が落ち着くようになりました」というご報告をいただきます。そのとき、皆さん口を揃えて、「食べ方が問題だったとは思ってもみませんでした」とおっしゃいます。

増える子どもの糖尿病

今、小学生の糖尿病予備軍が増えています。小児糖尿病とも呼ばれる1型糖尿病ではなく、中高年の生活習慣病で知られる2型糖尿病です。糖質や脂質の多い食品の摂りすぎや運動不足が原因とされ、社会問題になっています。

食事をして血糖値（血液内のブドウ糖の濃度）が上がると、血糖を一定の範囲におさめる働きをもつホルモンのインスリンが分泌されます。糖質や脂質の多い食品を日常的に摂り、血糖値の激しい上下を繰り返していると、やがてインスリンの分泌が追いつかなくなって、慢性的に血糖値が高い状態が続きます。この状態を「糖尿病」といいます。

小学生は成長期なので、大人ほど血糖値を気にする必要はありませんが、年齢的な区切りでいうと、10歳頃までは非常にエネルギーを消費するので、比較的高カロリーな食べものも適度に必要です。ただ、**10歳を過ぎたくらいからは、大人と同じように、血糖値の上がり下がりが激しくなる食べ方は控えたほうがいい**でしょう。

「GI値」という言葉をご存じでしょうか。これは、グリセミック・インデックス(Glycemic Index)の略で、食品ごとの食後血糖値の上昇度を表した値のことです。この値が高い食材を食べると血糖値が急上昇し、逆に、この値が低い食材を食べると血糖値はゆるやかに上昇するに留まります。

GI値の目安を掲載しましたので、これを参考に、お子さんが日常食べているものに注意を払ってみてください。

ＧＩ値の高い食品・低い食品	
GI値の高い食品	白米、パン、うどん、じゃがいも にんじん、かぼちゃ、フライドポテトなど
GI値が中ぐらいの食品	パスタ、さつまいも、バナナ、 メロン、すいか、アイスクリームなど
GI値の低い食品	玄米、ナッツ類、牛乳、 葉物野菜（キャベツ・レタス・ほうれん草など） きのこ類、ヨーグルト、りんご、いちご 高カカオチョコレートなど

子どもの「偏食」を玄米と味噌汁で改善

私のもとに一番多く寄せられる相談は、子どもの偏食についてです。

ここで、極端な偏食のお子さんのケースをご紹介しましょう。

幼稚園の年少さん（4歳）で、一食につき白ごはんと、お弁当に入れるような小さなソーセージ2本くらいしか食べられません。便秘もひどく、自力で排便することができなくなってしまい、病院で処方された下剤を飲んで、やっと便通があるような状態でした。

その子の上のきょうだいは、小学校受験に合格されていましたが、食に関する悩みは一切なかったそうです。そのため親御さんはよけいに心配なご様子でした。

偏食の原因は人それぞれですが、**子どもは食べたことがないものを、警戒して口に入れるのを避ける傾向があります**。そこで、親御さんには、最初から食べなくてもいいので、お皿にいろいろな食材や料理を盛り付けて、目に触れさせたり、家族が食べているところを見せたりということを、できる限りしていただきました。「出しても食べない」と決めつけずに、「**目でさまざまな食体験をさせてあげること**」は、味覚の幅を広げる点で重要だからです。

その試みの一つが玄米です。ただ、真っ白いごはんに慣れていたら、いきなり茶色いごはんが出てきたら、驚いて食べてくれないに違いありません。そこで選び方を工夫して、無農薬の「ミルキークイーン」という品種の玄米を指定しました。もち米のようにもちもちして柔らかく、お子さんでも食べやすい種類のお米です。それを美味しく炊く方法とともにお伝えしたら、お子さんはとても気に入って、「毎日出してほしい」と言うようになったそうです。

また、味噌汁の具は食べないけれど、汁だけは飲むということでしたので、だしや味噌を農薬や化学調味料などの食品添加物不使用の自然素材のものに変えていただきました。小さい子どもほど食品添加物の味に敏感で、それが苦手で口をつけないことがあるからです。

こうした取り組みを続けるうちに、少しずつ食べられるものが増えていったのです。

結果、その子は、偏食が改善され、自力で排便できるようになり、病院にも通わなくてすむようになりました。そして、無事に上のお子さんが通っているのと同じ第一志望の小学校にも合格できました。

そのお子さんは極端な偏食で改善されるまでに半年かかりましたが、通常は早くて2週間、1か月もあれば変わってきます（75ページに体験談をお寄せいただいています。併《あわ》せてお読みください）。

食品添加物の摂りすぎで味覚がおかしくなる

中学受験を目指している小学校5年生の男の子の親御さんから、次のようなご相談を受けたこともありました。

お子さんには発達障害の疑いがあり、正確な診断は出ていないけれど、グレーゾーンだろうと。そこで親御さんが本などでいろいろと調べたところ、食事が原因かもしれないと考えて、お越しになったのです。また、発達障害が原因かはわかりませんが、落ち着きがないことにも悩まれていました。

私は発達障害の専門家ではないため、それについてのアドバイスはできないことをご了承いただいて、食事の改善に取り組んでいきました。


そのご家庭では、もともと玄米をお子さんに出していましたが、選び方を変えて無農薬のものにしていただきました。他にも味噌や調味料などできる範囲で、無農薬や食品添加物無使用のものを選んでいただくようにしました。

このお子さんも偏食で、とにかく甘いお菓子が大好き。お菓子が主食と思えるほど食べることもあったそうです。甘いものばかり食べていると血糖値の乱高下が激しくなり、それがメンタルのアップダウンにつながることは前述のとおりです。

食の改善に取り組んで2週間ほど経《た》った頃には、「僕はもうお菓を子食べないから、買ってこなくていいよ」と自分から言ってきたそうです。

市販のお菓子には食品添加物や砂糖、油など中毒性があるものが多く使われています。こうしたものばかり食べていると、濃くてわかりやすい味にしか美味しさを感じられなくなってくるのです。

このご家庭では、玄米の種類や調味料の種類を変えたくらいで、お菓子は完全に禁止したわけではありません。それでも、玄米や味噌汁といった毎日必ず出るものの味がいつもと微妙に違うことを感じて、素材そのものの美味しさがわかるようになり、本来の味覚を取り戻していったのでしょう。

食材を少し変えただけで、こんなに変わるものかと親御さんもびっくりされていました。落ち着きのなさの回数も目に見えて減っていったそうで、「もっと早く食事に原因があると気づけばよかった」ともおっしゃっていました。

また、小さなお子さんに多いのですが、ごはんは食べないけれど、バナナを好んで食べる子がいます。バナナは栄養価が高いから、ごはんの代わりにバナナを与えるというご家庭もあります。

バナナは甘みがとても強い果物です。**バナナばかり食べていると、食品添加物ではありませんが、やはり正常な味覚からずれていくおそれがあります**。そうすると、ふつうのごはんの美味しさがわからなくなり、ますますバナナしか食べられなくなってしまうという、負のスパイラルに陥ってしまうケースが実際にあります。栄養的なバランスを考えても、やはり、いろいろな種類の食材を食べることが理想です。

お菓子やファストフードの食べすぎの危険性

集中力が長続きしない子どもは、スナック菓子やファストフードが好きな傾向があります。

それらは中毒性があるため、食べる習慣があるとどんどん欲しくなってしまうので、注意が必要です。

前述しましたが、市販のお菓子の多くには白砂糖が使われているため、血糖値の乱高下を招き、イライラや集中力の低下につながったりします。

おやつにスナック菓子やファストフードを食べて、お腹がいっぱいになると、朝・昼・晩の食事の量が減ってしまいます。そうすると、必要な栄養が足りなくなることに加え、食品添加物による影響で味覚が正常に育つことが妨げられ、本来の素材の美味しさがわからなくなることにもなるのです。

また、週3回以上、ファストフードを食べている子どもは、ぜんそくやアレルギー疾患になりやすいという研究論文もあります（ニュージーランド・オークランド大学のフィリッパ　エルウッド氏の論文）。

とはいえ、これらをまったく口にしないというのは、現代では難しいことでしょう。そこで、子ども自身が「スナック菓子やファストフードの食べすぎはよくない」と自覚できるようにもっていくことが、大事になってきます。

「これ以上食べると体調が悪くなる」「食べると眠くなり集中力やパフォーマンスが下がる」という自覚を促すには、ごはんや味噌汁といったふだんの食事をしっかり摂るようにさせること。できれば、それらは無農薬や食品添加物不使用の自然なものにすること。こうした食材を食べていると調子がいいということがわかれば、自ら節制しようという気持ちにつながるのです。

私の6歳の娘も、揚げ物を食べすぎると胃もたれすることがわかっているので、あまり食べすぎないように、本人が気をつけています。それでも、つい食べすぎて具合が悪くなったときは、「お母さん、今日はちょっと胃が重たいからお味噌汁を出してくれる?」などと言ってくるようになりました。何を食べると回復するのか、日頃の食事が安定していると、そのことにも気づけるようになるのです。

食事の見直しでアレルギー症状が軽減。志望校に合格!

昨年、兄弟で志望校に進学された方がいらっしゃいました。

上のお子さんは、もともと中央大学の附属高校に通っていましたが、内部進学で一番人気の法学部に進学されました。下のお子さんは高校受験で明治大学の付属高校に推薦で入りました。兄弟揃って3年間皆勤賞だったので、内申点がすごくよかったそうです。

2人ともずっと健康でいたかというと、そうではありません。

お兄さんは小さい頃からアレルギー体質で、いつも鼻詰まりに苦しんでいました。それが食事の見直しで改善され、薬を飲まなくても過ごすことができるようになったのです。

もともとコツコツがんばることができるタイプのお子さんだったので、体調がよくなったことにより、さらにその長所が発揮できるようになったといいます。

弟さんは、今、思春期の子どもに急増している起立性調節障害でした。

起立性調節障害とは、自律神経の乱れから朝起きたときに脳や体の血流が低下して、布団から出られなくなったり、午前中頭がぼーっとしたりしてしまう障害のことです。中には重症になって学校に行けなくなる子どももいます。**思春期特有のホルモンバランスの乱れやストレスなど、要因はさまざまある**といわれています。

弟さんは中学1年生のときに起立性調節障害の診断を受けましたが、お母さんが私の料理講座を受講され、食事を見直したところ、気づいたらすっかり元気になり、薬も不要になったそうです（80ページの体験談で具体的にふれています）。

やはり、こちらのご兄弟も、「これを食べると調子が悪くなるから、量を少なくして」「今これを食べたいから出して」と、母親に食事のリクエストをするようになったそうです。

このように、最初は親が子どものためを思って食事の改善に取り組みますが、しだいに子ども自身が理解して、自分の心身の調子を保つために食事に気をつけるようになります。このご兄弟の場合も、自ら食事の改善に取り組んだ結果、不調を改善して皆勤賞にまでつながったのです。

心と体に効く、味噌の選び方

便秘に苦しんでいるお子さんが多いというお話をしましたが、じつは、味噌はお通じをよくしてくれる食材です。善玉菌を増やすので、毎日飲み続けることで、効果が期待できます。ただ、味噌ならなんでもいいというわけではありません。味噌は地域によって違いがありますので、それは各家庭のお好みでかまいません。

選び方のポイントは2つあります。一つは、パッケージに「生」と書かれているものを選ぶこと（メーカーによって表記は少し違います）。「生」というのは「麴菌による発酵を止めていない」という意味です。

麴菌は働きを止めておかないと発酵が進んでしまうので、同じ製品でも製造日によって品質に差が出てしまいます。メーカーとしては、それを防ぐために、食品添加物や加熱処理をすることで発酵を停止させて商品にするのです。しかし味噌は、長い期間発酵させることによって、栄養価が高まり、味や風味も深まります。そこを端折《はしょ》ってしまっては、やはり本来の味噌とは違うものになってしまうのではないでしょうか。

また、味噌の発酵には一年ぐらいかかりますが、メーカーによってはそれを短縮させるために発酵促進剤を使っていることもあります。発酵促進剤については表示義務がないので、知らず知らずのうちに購入している可能性があります。市販品の約90％が、「発酵促進剤の使用」によって短期間で発酵させている味噌、「加熱殺菌処理」によって発酵を止めた味噌といわれています（「○○無添加」とラベルに記載があるものでも）。管理された一定の温度のもとで短期間しか発酵させていないため、働いていない微生物もあり味噌特有の風味に欠けてしまいます。

そこで、インターネットなどで調べ、発酵促進剤を使っていない味噌を選ぶことをおすすめします。

味噌選びのもう一つポイントは、裏の表示を見て、**原材料に「酒精《しゅせい》」と書かれていないものを選ぶこと**です。酒精はアルコールのこと。お子さんは敏感にアルコール臭や味を感じるので、飲まない確率がぐんと高くなります。

なぜ、味噌にアルコールを入れるのでしょうか。それも発酵を止めるためです。

大人の方で、いつも旅行のときにフリーズドライの味噌汁を携行しているという人が、「飲むと顔が真っ赤になる」と話していました。味噌汁にアルコールが使われていることがあるとお伝えしたら、「私はお酒に弱いんです」と納得されたようでした。

「生」と書いてある味噌は、ふつうのスーパーにも売っています。たいてい冷蔵コーナーに置いてあります。値段は、ふつうの味噌よりも少し高めですが、多少値が張っても、それで子どもの便通がよくなって、体調の改善につながるなら、そちらを選んだほうがよいと私は思います。

アレルギーとの付き合い方

食物アレルギーは、いまや10人に一人の子どもにあるといわれています。消化の力が未熟な乳児期に発症することが多く、乳幼児の食物アレルギーの原因となる食物は、卵、牛乳、小麦、この3つで原因食品の4分の3以上を占めているそうです（伊藤節子『親と子の食物アレルギー』講談社現代新書）。

アレルギーが増えている原因の一つとしては、食生活の変化で日本人がもともと食べていなかったものを口にするようになり、体の中で消化がうまくいかず、それが積み重なった結果という説があります。

たとえば、牛乳が日本で飲まれるようになったのは明治時代以降のこと。長い日本の歴史を考えたら百数十年前は比較的最近といえます。

総務省の調査によると、今、朝ごはんは白米よりも、パン食のご家庭が増えています。こうしたことも影響しているのか、大人でも小麦のアレルギーが増えているといわれます。

小麦に含まれているたんぱく質「グルテン」の中のグリアジンという主要成分に過敏に反応すると、体にアレルギー症状が出ます。昔から日本人は、うどんやだんごを食べていましたが、現代ほど多様に小麦を使った食品が存在したわけではありません。また、江戸時代は農薬を使ったり、輸入に頼ったりすることもなかったでしょうから、小麦の品質も今とは違ったでしょう。

小麦アレルギーになると、今までふつうに食べていたパンやうどん、ラーメンなどが食べられなくなってしまいます。小麦はさまざまな食品、たとえば市販のカレールゥや醤油などの調味料にも含まれているので、食事の幅がグンと狭くなってしまいます。

とはいえ、小麦をまったく食べないというのは、現代の日本の食生活では難しいことでしょう。子どもが小麦アレルギーになる前に、食べる頻度を見直してみる、できるだけ食品添加物が使われていない醤油を選ぶなど、食べ方や選び方に注意を払ってみてください。

卵、牛乳、小麦を使用しないレシピもたくさんあります。こうしたレシピを参考にして、週に何日かは「卵なし」「牛乳なし」「小麦なし」のメニューを食卓に取り入れるのもおすすめです。

危険！ 子どもの「食べない競争」

性教育の協会「パンツの教室」の理事をされている、のじまなみさんと、お仕事でご一緒させていただく機会がありました。

のじまさんによると、今の若い女の子の悩みとして、中学生くらいから「ダイエット」が挙がるそうです。しかも、どんどん低年齢化していて、「いかに食べないで痩せるか」

ということが流行《はや》っているというのです。

女の子が初潮を迎える年齢は平均10~15歳で、小学校高学年から中学生の時期にあたります（ユニ・チャーム「ソフィ」ホームページより）。この時期にちゃんと栄養を摂っておかないと、生理が来なかったり、止まってしまったりするおそれがあります。

生理は、将来赤ちゃんを産むために体が準備を始めることです。それが成長期にないとなると、将来妊娠できない体になってしまうことにつながりかねません。それがいかに将来の選択肢を狭めることになるか、大人がしっかりと説明してあげる必要があります。

気をつけたいのは、**親が過度な糖質制限や〝食べないダイエット〟に励んでいると、子どもがそれを真似してしまう**ことです。

食べないダイエットは体への負担がそもそも大きいものですが、過度な糖質制限も、低血糖を招き、脳や体をエネルギー不足に陥らせてしまいます。すでに体ができあがっている大人ならまだしも、成長途中の子どもにとっては大変危険です。

お子さんが健康のために本当にダイエットをする必要があるのでしたら、バランスよく食べることの大切さを、食事を通してどうか教えてあげてください。

受験のストレスが過食・拒食を引き起こす？

ダイエットではありませんが、受験競争の激しさが増すにつれ、そのストレスで食べられなくなってしまう子どももがいます。その逆で、過食に走ってしまうこともあります。

私の料理講座に参加された方にうかがったお話です。

中学受験が終わると、まもなく小学校の卒業式があります。そのとき、**極端に肥満になっている子と、激ヤセしている子がいる**そうです。両者の共通点は中学受験を経験したことで、「見ていて心が痛んだ」とおっしゃっていました。やはり、受験は子どもにとって相当なストレスであることがうかがえます。

勉強は本人ががんばるしかありませんが、食事を含めた健康管理によって、大人がストレスをケアしてあげることはできます。ぜひ、お子さんにかかっているストレスに気を配ってあげてください。

朝ごはんを抜くと学力も体力も下がる

人は食事から摂る栄養で体の機能を働かせています。脳もまたその栄養のおかげで正常に動くことができます。

食事からの栄養が神経伝達物質をつくり、運び、働かせ、脳の血流や代謝を促す。つまり、食事からきちんと栄養が摂れているかどうかで、脳の働き具合は変わってくるということです。

食事の中でも脳にとって、とくに大切なのは、朝ごはんです。

脳は寝ている間にも糖質から得られるブドウ糖を消費しているので、朝起きたときはエネルギー不足の状態です。そういう状態で、朝ごはんを抜くと、エネルギー源（ブドウ糖）が補給されないので、脳は低血糖の状態になります。この状態では、体温が上がらないために免疫力が落ち、風邪をひきやすくなります。集中力はなくなり、思考力も低下するのでイライラしやすく、やる気も出ません。ブドウ糖は長く脳に貯めておくことができないことから、定期的に補給する必要があるのです（農林水産省のホームページより）。

朝ごはんでブドウ糖を補給すると、何より体と頭を動かすためのエネルギーが十分な状態で学校に行くことになるので、午前中の授業から集中できます。脳がエネルギーを使うため、お昼になるとお腹もすいてきます。お昼ごはんで再びエネルギーを補給したら、そのエネルギーを使って午後の授業に集中。放課後は塾や習い事の前にブドウ糖をチャージしてもうひと踏ん張り。帰宅したら晩ごはんで消化しやすい軽食を摂って、早めに眠りにつく……。このような規則正しい生活のサイクルをつくる要《かなめ》が、一日のはじめの朝ごはんにあるのです。

朝ごはんを毎日食べる習慣がある子どもは、食べる習慣がない子どもよりも、学力が高く、体力があることもわかっています（文部科学省「平成29年度全国学力・学習状況調査」／スポーツ庁「平成28年度 全国体力・運動能力、運動習慣等調査」）。

ところが、朝ごはんを食べる習慣のない子どもが、年々増えているといいます。

その理由として、起きるのが遅いので食べる時間がないということに加えて、親が共働きで忙しく用意をする時間がないこともあります（「〈朝食を毎日食べる子供〉と〈週1日以上朝食を欠食する子供〉の特徴比較」文部科学省：平成30年度「家庭教育の総合的推進に関する調査研究」）。

親が用意できないから、子どもたちはお腹がすいたまま学校に行っている。親が用意しないということは、親も朝ごはんを食べていないと思われます。

朝ごはんを変えるだけで子どもは変わる

もし親が忙しくてつくることができないのであれば、何も食べずに学校に行くより、何か買って食べたほうが百倍いいでしょう。もちろん何を選ぶかは大切です。

朝ごはんを食べた後に下痢をするという中学3年生の男の子がいました。彼の朝ごはんは、砂糖がケーキ並みに大量に使われている菓子パンでした。

彼は、朝から砂糖や脂質を多く摂りすぎているせいで、胃腸に負担がかかっていたのです。そこで菓子パンではなく、ごはんや全粒粉を使ったパンに変えるようおすすめしたところ、1か月後に「下痢をしなくなりました」との報告をいただきました。

3食すべての食事の内容を変えなくても、朝ごはんを変えるだけでも、子どもの体調は変わります。一日の最初の食事である朝ごはんがうまくいくと、力がみなぎった状態でその日をスタートできます。理想は、午前中の集中力をキープするためにも、炭水化物（ごはんやパン）、たんぱく質、ビタミン・ミネラルを補給できるメニューです。第4章でそういうメニューを紹介していますので、参考にしてみてください。

朝ごはんと就寝の時間は、受験開始時刻から逆算する

受験生の一日のタイムスケジュールについて相談を受けることがあります。何時に食事をして何時に就寝するかは、子どもの健康管理の観点からも気になるところです。

中学受験を控えた子どもは、塾から帰ってくる時間がそれぞれなので、一概には言えないのですが、受験日が近づいてきたら、**受験する学校の入試の開始時間から逆算して朝ごはんの時間を決め、それをもとに一日の流れを決める**ことをおすすめしています。

食べたものが消化吸収され、脳のエネルギーになるまでの時間は、食べたものの内容に

もよりますが、だいたい2～3時間です。よって、朝9時に試験が開始されるとしたら、その2時間前、場合によっては3時間前に朝ごはんを食べるのがいいでしょう。つまり、9時からの試験だったら6～7時に食べることになります。

では何時に起きればいいのかというと、起きてから1時間以内に朝ごはんを食べ始めると消化吸収がよくなるという研究結果があるので（柴田重信・田原優共著『体内時計健康法』杏林書院）、朝7時に食べるとしたら6時には起きる。6時に起きるとしたら、小学生は10時間睡眠が理想なので、20時にベッドに入る。小学生の10時間睡眠は、精神科医の樺沢紫苑先生が推奨されています（『行動最適化大全』KADOKAWA）。平日塾に通う日は、10時間睡眠は難しいかもしれませんが、勉強で覚えたことの記憶は眠っている間に定着するので、勉強効率を上げるためにも、少なくとも8時間は睡眠をとることをおすすめします。

このように、朝ごはんを要としたタイムスケジュールを、試験開始時刻から逆算して設定すると、ストレスなくスムーズに当日を迎えることができます。受験当日は、誰でも緊張するものです。でもふだんの生活の延長線上にあると捉えることができたら、いくらかでもその緊張を和《やわ》らげることができるでしょう。

晩ごはんは、塾に行く前に半分、帰宅後に半分

子どもが塾通いをしていると、晩ごはんの摂り方や摂る時間に頭を悩まされている方もいるでしょう。

満腹感および空腹感がなくなると、体内では脳と体を休める準備が整います。そこで、布団に入る2時間ぐらい前には食べ終えておくことをおすすめします。

胃の中にたくさん食べものが残った状態で眠りにつくと、就寝中の消化に体力を使うので、眠りが浅くなったり、胃もたれを起こしたりして、翌朝の寝覚めがよくありません。それが朝ごはんを抜いてしまう原因にもなります。

ただ塾が終わる時間によっては、寝る2時間前までに食事を終えることが難しい場合もあるでしょう。

おすすめは、塾に行く前に晩ごはんの半分を食べ、残りを帰ってきてから食べること。こうして2部構成にすると、消化の負担も軽減されます。

塾に行く前は、ごはんなどで炭水化物を摂ったほうが脳にとってエネルギーになりま

す。

ただ、満腹の状態になったり、炭水化物を単体で摂ったりすると食後に眠くなりやすいので、腹七分目にしておきます。おにぎりを一個食べるにしても、サラダや野菜のおかずなど食物繊維が入っているものや、チーズのようにたんぱく質と脂質を同時に摂れるものを一緒に摂ると、眠気を予防することができます。頭の働きをよくしたいなら、豚肉や卵などビタミンB_1が含まれているおかずと、軽くよそったごはん、味噌汁の組み合わせもよいでしょう。

おにぎりだったら、味噌を塗った焼きおにぎりがおすすめです。味噌だけだとしょっぱい場合は、少量の甘酒を加えて甘みをつけます。これをおにぎりに塗って、さっと焼くだけ。チーズをのせて焼くと、味噌とチーズの風味が相まって、子どもの食欲を刺激します。「中学生の娘が朝ごはんを食べない」と悩む親御さんが、この「チーズ味噌おにぎり」を食卓に出したところ、これを食べたいからと、お子さんが早起きするようになったケースもありました。

帰宅後に食べるものは、汁物だけだと噛む回数が少なく満足感が得にくいので、野菜をたくさん入れた食べ応えのあるスープなどにすると、お腹も満たされ、疲れた脳や体の回復を助けてくれます。

受験のストレスと相まって、寝る前にお腹いっぱいに食べてしまうと、太ってしまったり、体調を崩したりするお子さんもいますので、ご注意ください。

体験談❶

極度の偏食、頑固な便秘を食事で改善！見事、第一志望の小学校に合格

Mさん（小学校4年生と1年生の2人の男の子の母）

小学4年生と1年生の2人の息子がおります。食に関して手を焼いたのは、次男です。赤ちゃんの頃から偏食、アレルギー、便秘と、今の子どもの食の悩みがすべてあるような状態でした。

偏食は、離乳食と同時期に始まりました。牛乳と卵のアレルギーもあったので、さらにメニューが限定されたのですが、好んで食べてくれたのはおかゆだけ。幼児食になってからも、朝ごはんはバターをたっぷり塗ってシナモンシュガーをふりかけたパンと、小さなウインナー2本。本当にそれくらいしか口にしてくれませんでした。幼稚園ではお弁当が出されていましたが、先生にうかがうと、白ごはんは完食するけれど、おかずはほとんど

残していたそうです。

納豆が食べられるようになると、晩ごはんは、納豆ごはんと味噌汁ばかりになりました。ただ、味噌汁は具がたくさん入っているものは好まず、汁のみか、具が豆腐であればOKでした。

当然ですが、あまり食べないため体も小さく、5歳になっても3歳の平均値程度の体格でした。それでも医師の診断では、成長曲線から外れるほどではなく、小柄ながらも成長しているとのことで、食事について試行錯誤しながら見守る状態が続いていました。

3歳で便秘薬が欠かせない状態に

長男が小学校受験の準備を始めた頃、次男は幼稚園に上がる前でした。親が息子たちにしてあげられることは何だろう。勉強や運動をがんばるのは本人しかできませんが、親として美味しいごはんをつくって応援することならできるのではと考え、表さんの「賢母の食卓」を知り、受講しました。

じつはその頃から次男は便秘もひどくなっていました。とはいえ、最初は3日に一度は出ているから大丈夫だろうと思っていたのです。病院にかかったときに小児科の先生にお伝えすると、腸の太さが通常に比べて、だいぶ大きくなっていると。このままでは自分で便意を催して出すことができなくなる可能性があると言われました。以降、子ども用の便秘薬を処方され、幼稚園の頃はずっとそれを飲んで排便を促すような状態でした。

ただ、表さんの講座で習った食事を食卓に出すようになり、次男が少しずつ体にいいものを摂れるようになると、薬を飲まなくても自分から「うんちをしたい」と言うようになって、便秘も偏食も改善されていったのです！

豚汁で、偏食・便秘がともに改善。受験の勝負メシにも！

表さんからは、選び抜いたオーガニック食品ではなくても、自分が住んでいる地域のスーパーで買えるレベルの健康にいい食品の選び方をいろいろと教わりました。

たとえば、パッケージに空気穴があいている味噌や、国産で食品添加物が使われていない醤油やだしなどです。調味料を変えてみただけなのに、今までつくっていたメニューがランクアップして、家族も「美味しい」と喜んで食べてくれるようになりました。

次男には、そうやって味噌汁に手を加えたことが、効果てきめんでした。表さんから教わったレシピで豚汁をつくって食卓に出したところ、大好きになったのです（132ページ）。

豚汁ならば、肉も野菜も豊富に入っているし、味噌も摂れる。小さなウインナーしか食べられなかった子が、豚汁となると、パクパクと食べ出す激変ぶりには感激しました。次男は新しいことや未知のものに対してかなり慎重で、それが食事にも表れていましたが、ちょっと食欲が落ちてきたようなときも、豚汁ならきれいに平らげてくれます。やはり、ちゃんと食べられるようになると本人も自信がつきますし、便通をはじめ体調も整って、よい循環が起こりやすいもの。間違いなく、豚汁はわが家の勝負メシです。

食べられるものが少しずつ増えていく過程では、一進一退した時期も。ただ、唐揚げにしても、市販の唐揚げ粉を使ったものより、手づくりした塩麹や醤油麹に鶏肉や魚を漬けて揚げたもののほうがよく食べてくれました。カレーも、市販のカレールゥではなく、表さんに教わったレシピでキーマカレー（142ページ）をつくると残さず食べてくれます。やはり、子どもは食品添加物などの味に敏感で、そういうものが使われていない料理のほうを好んでよく食べてくれることも学びました。

年少から小学校入学までと時間はかかりましたが、食の改善に取り組まなかったら、次男は今も便秘薬が手放せなかったと思います。おかげさまで、次男は長男と同じ小学校に無事合格することができました。今はだいぶ体も大きくなって、毎日楽しく学校に通えています。

私自身も、家庭料理の面白さに目覚めて、子どもと一緒に味噌や納豆をつくったりしています。納豆になる大豆をわらに詰めたり、味噌のための大豆を潰したり、梅干しを干したりしていると、自分たちが食べるものがどんなふうにできているか、生きた知識として頭の中にすんなり入ってきますし、子どもたちも家でつくったものはよく食べてくれます。何より子どもたちは、科学研究でもしているかのように楽しそうで、実際にそういう問題が試験の中に出てくることを考えても、とてもいい経験です。家族との思い出づくりにもなるので、これからも続けていきたいと思っています。

体験談❷

起立性調節障害だった息子が、毎朝の味噌汁で体調改善！　推薦で難関大学の付属校に合格

Aさん（大学1年生、高校1年生の2人の男の子の母）

私が表さんのことを知ったのは、長男が高校1年、次男が中学1年のときでした。私自身が夫や子どもたちの健康管理や、仕事や勉強のパフォーマンスを上げるサポートができたらと考えて、いろいろ情報を集めていた頃です。ただ、世の中には食の情報があふれていて、何を取り入れたらいいか、迷ってもいました。「賢母の食卓」は、受験生を食事面からサポートするという点で、受験を迎える2人の子どもをもつ親としてとても惹《ひ》かれました。

また、わが家では子どもが幼い頃から、季節の行事を取り入れた食事などを一緒につくる取り組みをしていたので、表さんが季節の手仕事を大切にされていたことに共感したの

も、ぜひ学びたいと思った理由です。

次男は小学校高学年の頃に、朝礼のときに貧血で倒れたり、電車で長時間立っていたりするのもつらいと、訴えるようになりました。中1のときに病院で診察を受けると、起立性調節障害と診断され、血圧を調整するお薬を飲むようになりました。

長男のほうは、子どもの頃から食欲旺盛で何でも食べてくれる一方、次男は食が細く、好き嫌いも多い子でした。とくに野菜が苦手で、好きなものといえば、ファストフードやスナック菓子。「何も食べないよりかは」と思いつつ、親としては「これではよくない」と思い悩む日が続きました。

「朝、お味噌汁を飲んだ日は調子がいい」と自覚が芽生えて

表さんの講座を受けるようになってから、わが家の食事の軸となったものがあります。朝の味噌汁です。

朝食のとき、「食欲がない」と言う次男に、「お味噌汁だけでも」と言って飲ませるようにしたところ、ある日、本人から「朝、お味噌汁を飲んだ日は調子がいい気がする」と。

それから、朝食がごはんでもパンでも、味噌汁を出すことが習慣になりました。

朝の味噌汁をベースに徐々に次男の食生活が改善されていくと、いつのまにか起立性調節障害の症状が出なくなり、お薬も手放すことができました。

また、次男は便秘気味でもあったのですが、味噌汁の習慣がついてからは、毎朝お通じがくるようにも。根本的な体質改善ができたのだと思います。


味噌汁以外では、ごはんを玄米や白米に雑穀を混ぜたものにしてみたり、栄養素の組み合わせを考えたメニューをつくってみたりと、表さんのレシピを大いに参考にさせていただきました。

野菜嫌いの次男でしたが、もやし、ほうれん草、にんじんなど、野菜をたっぷり使った肉味噌ビビンパは大好物になりました。このメニューは、野菜に加えて、ごはんと一緒に食べることで脳の働きをよくするといわれるビタミンB_1が豊富な豚のひき肉、さらに味噌も入ります。栄養バランスがよく、育脳の要素たっぷりのメニューで、受験勉強の最中、何度も救われました。

長男も次男も中3になってから進学塾へ通うようになり、受験勉強に本腰を入れはじめました。その時期は、21時半から22時頃という遅めの時間に晩ごはんを摂ることも多かったので、食事は栄養に気を配りながらも胃腸の負担にならないようなメニューを心がけました。とくに受験直前の冬場などは、ほっと温まるような食べもの、たとえば豚汁やミネストローネなど、具だくさんの汁物をメインに、ごはんやおかずは少なめに出すようにしていました。

起立性調節障害が治った次男は、中学時代の3年間を無遅刻無欠席で過ごすことができ、皆勤賞までいただきました。推薦で大学の付属高校に入学することもできました。もちろん、本人の努力が一番ですが、体調がここまで回復したのは、食事面のサポートも大きかったように思います。

親から見ても、体調を崩しにくくなったり、集中力が増したりして、コツコツがんばる力がついたように感じています。

自分の体の声が聞こえるようになった長男

長男についても、次男同様に食事のサポートを続けていたのですが、あるとき、「自分の体の声が聞こえるようになった」と言いはじめたのです。

たとえば、「カレーライスを食べると、お腹がちょっとゆるくなるときがあるから、試験前や試験期間中はつくらないでほしい」「揚げ物は眠くなってしまうことがあるので少なめで」などと、リクエストが来るようになりました。

今、長男は大学生ですが、自分で適切な食事の量を考えたり、消化しやすいさっぱりしたものを選んだりということをしています。この先社会人になり、一人暮らしをするようになっても、ある程度、自分で食事の管理ができるのではと思います。それは、親としてとても頼もしいことです。


私たちの体は、食べたものでつくられていますから、健康な体にしても安定したメンタルにしても、結局は食事次第なのだと、子どもたちの成長を見て改めて実感しました。日々の食事が、強い心と体をつくってくれて、受験をがんばり抜く力になったと感じています。

第3章

合格するための「食事作法」

社会のリーダーに備わっている共通点

慶應義塾中等部の社会の入試問題に、フランス料理のテーブルマナーに関する問題が出題されたことがありました（2016年度）。慶應を受けるようなご家庭は、みな裕福で、子どもの頃からフランス料理を食べに行く機会も多いのだろう、などとネットでも話題になりましたので、ご記憶の方がいらっしゃるかもしれません。

33ページにも書きましたが、慶應義塾中等部に限らず、難関校や難関大学の付属の中学校などで、近年食事のマナーなどに関する問題が増えてきています。

学校としては、家庭の経済状況やフランス料理が日常的であるかというようなことを知りたいのではなく、もっと先を見据えての出題だろうと察します。

難関校の卒業生なら、将来、ビジネスの場で外国人と会食をする機会もあるでしょう。そういうときにマナーができていないと、恥ずかしい思いをしたり、ビジネスで失敗をしたりということにつながりかねません。子どもが先々困らないように、家庭でマナーを教えているか、子どもに実体験を通して身につけた一般常識があるかどうか。出題の意図はそこにあると私は考えます。
この傾向は、今後より一層増えるといわれています。「**小さい頃から食についてきちんと教えているような家庭の子にぜひ来てほしい**」という学校からのメッセージとも言えるでしょう。

実際、社会のリーダーや企業のトップを担う層には会食がつきものです。その際にマナーができていないと、「この人は教養がないな」「品がないな」と判断されかねません。それが原因で商談がうまくいかないこともありえます。とくに競合他社と条件が違わない場合には、そんなちょっとしたことが命取りになることも十分に考えられます。
企業のトップ層はそのことを十分承知しているので、礼儀作法や食事のマナーのプライベートレッスンを受ける人も結構います。私は大手企業の役員室や大学の研究室で秘書をしていた経験があるので、実際そういったことを近くで見てきました。

営業職のような、人にたくさん会うお仕事についても同じことが言えます。お箸のもち方、食事のマナー、たとえばくちゃくちゃ音をたてて食べてしまうといったことを含めて、基本的な教養の有無が実際の商談のカギを握っていることもあるのです。営業職の採用試験で、お箸のもち方が出題されたという話を聞いたこともあります。

お箸のもち方は遅くとも小学校高学年までにマスターしよう

食事のマナーは、成長してから教えてもいいのでは、と思われる親御さんもいらっしゃるかもしれませんが、できれば未就園児のときから、遅くても反抗期に入る前、小学校の高学年くらいになる前に教えてあげたほうが親子とも心理的負担は少なくすみます。

その年齢より大きくなってからでも矯正できなくはないのですが、そのときには本人の意思がすでに確立されていますから、自分で直したいと思わない限り、難航するかもしれません。

食事のマナーは仕事に関わるというお話をしましたが、どんなに仕事や勉強ができても、誤った食事のマナーはそれを帳消しにしてしまうくらいのインパクトがあります。やはりお子さんには早い段階で正しいマナーをご家庭で教えてあげたほうがよいでしょう。

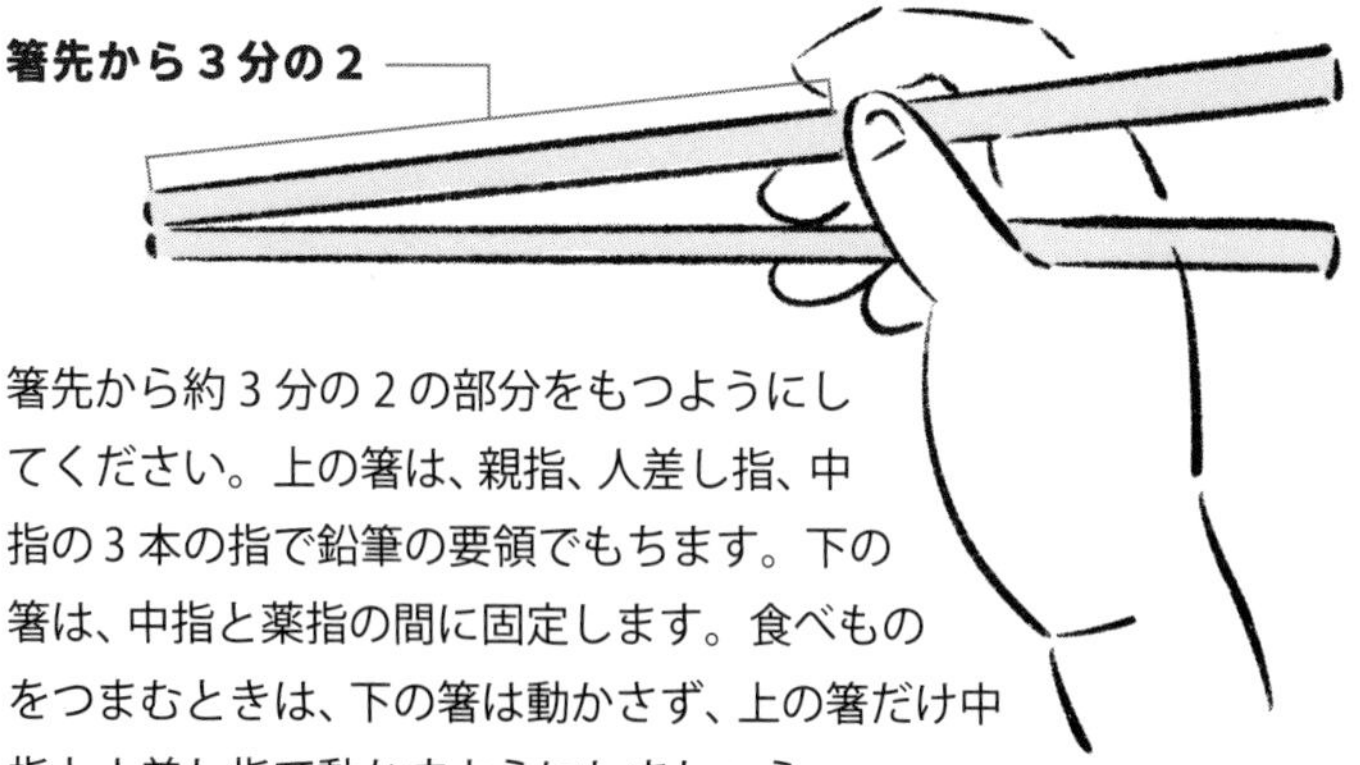

箸先から約３分の２の部分をもつようにしてください。上の箸は、親指、人差し指、中指の３本の指で鉛筆の要領でもちます。下の箸は、中指と薬指の間に固定します。食べものをつまむときは、下の箸は動かさず、上の箸だけ中指と人差し指で動かすようにしましょう。

箸の正しいもち方

東大生の8割がお箸を正しくもてる

日本人でも正しくお箸をもてる人は意外に少なく、目白大学の調査によると、三十代以上でさえ約3割。しかも、正しく使える人の割合は、年々減っているそうです（「日経プラスワン」２０１２年9月22日付記事より）。

　お箸のもち方は家庭で教わるものなので、間違ったもち方をしている人が親になったとき、正しいもち方を子どもに伝えることができないという、マイナスの連鎖が起きてしまいかねません。

　小学校受験だと実技の試験でお箸のもち方が問われることがあります。たとえば、立教女学院小学校では、「お箸を正しくもって、箸先をカチカチと鳴らしてください」という課題が出題されたことがあります。

また、お箸と鉛筆は2本と1本の違いがありますが、もち方は同じです。お箸が正しく上手に使えると、鉛筆も同じようにうまく使うことができます。鉛筆のもち方が正しいと、姿勢がよくなり、書くスピードも速くなるので、時間制限がある入試では有利になるといわれています。

東大生の8割は鉛筆を正しくもてるという調査結果もあります（太田あや『東大合格生のノートはどうして美しいのか』文藝春秋）。そこから、東大生はお箸も正しくもてるのではないかと推測もできます。東大生の親御さんは、お箸や鉛筆のもち方といったしつけの面でも、家庭でしっかり行っているのではないでしょうか。

正しいお箸の選び方

家庭でお箸のもち方を教え始めるのは、個人差もありますが、ピースができるようになる頃が目安といわれています。だいたい2歳半〜3歳くらいです。ピースができないうちは手指がまだ十分に発達していないので、その段階でお箸の正しい使い方を教えようとしても、うまくいかない可能性があります。

お箸の選び方のポイントとしては、体の成長に合わせていくことです。幼児（3〜6歳）は毎年2〜3回、小学生になったら1年に1回くらいの割合でお箸を買い替えるようにします。手の大きさに釣り合わないお箸だと上手に扱えません。目安は靴のサイズがアップしたら、お箸の替えどきです。

素材は竹をおすすめします。出産祝いで竹のお箸や食器を贈られることがありますが、そこには子どもが竹のようにまっすぐに育ってほしいという願いが込められています。

実用面でいうと、杉や竹には防腐作用があります。最近お弁当の入れ物として「曲げわっぱ」がよく使われますが、竹でできているものの場合、腐りにくいというメリットがあります。そういうことから天然素材を選ぶご家庭が多いのです。

木のお箸も人気です。木のお箸はざらざらしているので、子どもにももちやすいというメリットがあります。ただ素材が木でも、加工がされていると、箸先がつるつるしていて、もちにくいデメリットもあります。**木のお箸を選ぶときは、箸先がざらざらしたものがおすすめ**です。

お箸の長さの目安を知るには、まず親指と人差し指でLの字をつくります。このとき、

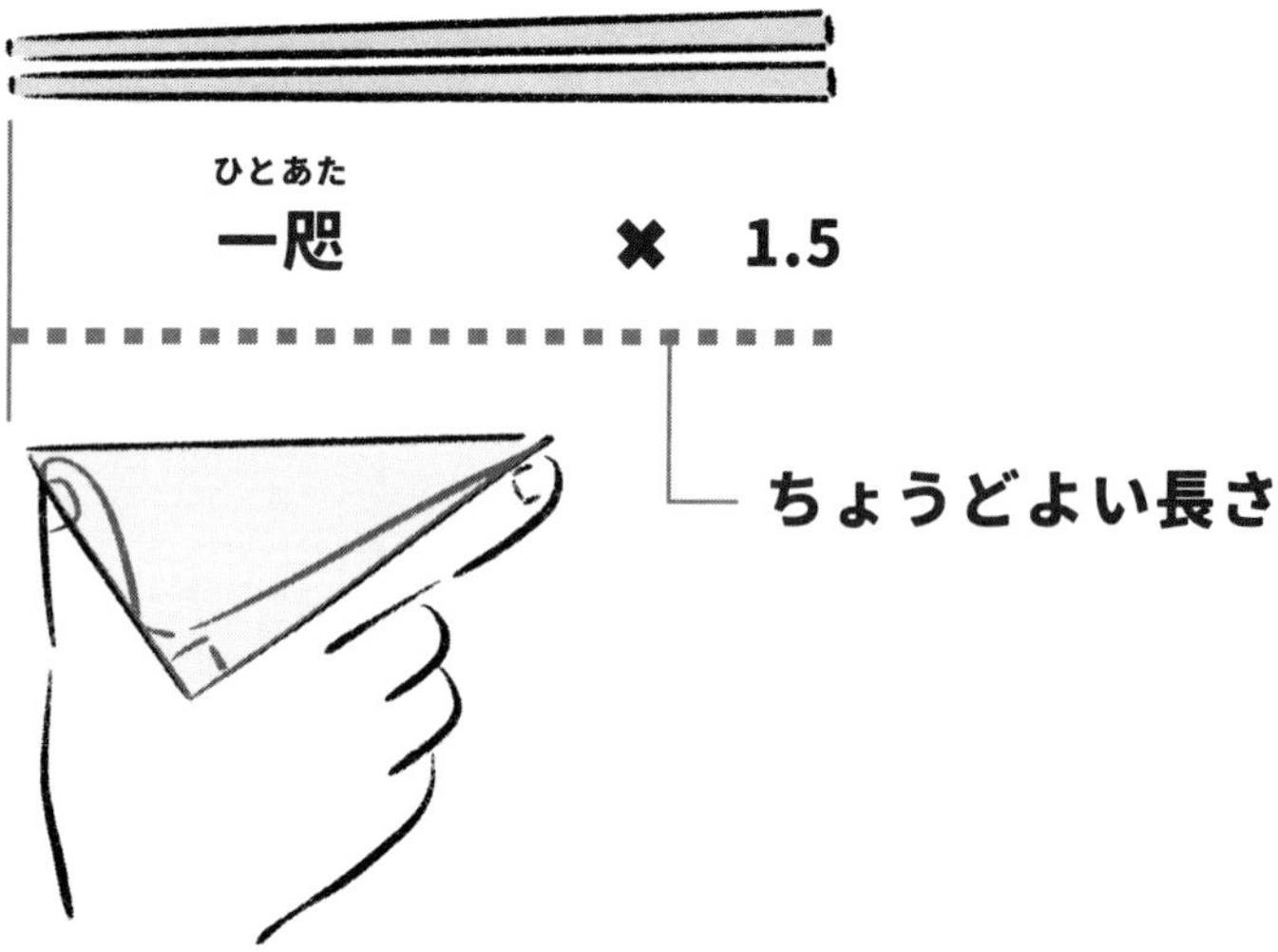

ちょうどよい箸の長さ

親指と人差し指を結んだ対角線の長さ、これを一咫《ひとあた》といいます。この一咫の1・5倍の長さが、体に合ったお箸の長さです。この長さは足のサイズとほぼ同じといわれています。

余談ですが、一咫の「咫」の字が使われている神様、八咫烏《やたがらす》をご存じでしょうか。日本の神話に出てくる導きの神であり、勝利の使者。目標達成に力を貸してくれる神様として受験生に人気です。日本サッカー協会のシンボルにも使われています。

✎矯正箸より、ふつうのお箸を選ぼう

お箸の使い方を教える際に、子どもがうまくもてないからと、矯正箸（「しつけ箸」「トレーニング箸」とも呼ばれる）を用意するご家庭があります。ブリッジがついているので2本がバラバラにならず、リングに指を通したり添えたりして使うことができます。

ただ、子どもがそれに慣れてしまうと、変なクセがついてしまい、逆に正しいお箸のもち方に移行するのに苦戦するおそれが出てきます。お子さんに、お箸に興味をもってもらうためにはよいかもしれませんが、ずっと使い続けるのはおすすめできません。**正しいお箸の使い方を教えるときは、通常の2本に分かれているお箸を選びましょう。**

お箸がうまく使えるようになると、お子さんにとってもうれしいものです。「もっと上手に使いたいな」という気持ちを尊重し、上達を促してあげてください。

✎スプーンやフォークのもち方にも気をつけよう

お箸のもち方、使い方には気をつけていても、スプーンやフォークは案外見落としがちです。大人でも、小指を立ててスプーンやフォークをもっている人をときどき見かけます。無意識でしょうから、本人は気づいていません。

ナイフとフォークの正しいもち方

ナイフやフォークの正しいもち方や使い方も、**子どもが興味を抱いたときに教えてあげる**ことをおすすめします。その場合、プラスチック製など、先端がツルツルしているものはすべりやすく、子どもには扱いにくいので避けたほうがよいでしょう。

食事のときの姿勢

食事の姿勢は、マナーの観点からだけではなく、体への消化吸収を考えても大切です。どんなに高品質で栄養のあるものを食べたとしても、姿勢が悪いと内臓が圧迫され、胃腸の健全な働きを妨げてしまうので、体への消化吸収がうまくされないからです。十分に体や脳への栄養にならないどころか、**消化不良を起こして、便秘になったり胃もたれを起こしたりしてしまう**こともあります。

背中を丸めることで内臓が圧迫されると、食欲も失《う》せてくるので、少ししか食べられなくなり、やはり結果的に栄養不足になるおそれがあります。こういった理由から、食事の内容の見直しとあわせて、食事のときの姿勢を正す必要があります。

お子さんが食事をするときの姿勢は、2つの観点から注意を払ってください。

(1) 環境の設定

環境の設定とは、たとえばお箸の選び方や食器の選び方です。お箸については、手の大きさに合ったお箸を選ばないと使いにくいので姿勢が崩れやすくなります。93ページでお伝えしたポイントを踏まえて選んであげてください。

食器については、複数の料理やごはんを一つの食器にまとめて出す、いわゆる**ワンプレートにすると、子どもが食べるときに背中が丸まってしまいがち**です。

和食の場合、手のひらより小さいサイズのお皿は手でもち上げて食べるのがマナーですが、ワンプレートだとそもそももち上げることができません。

それでも、大人は背すじを伸ばした状態で、お箸やフォークを使って料理を口に運ぶことができるのですが、子どもには難しく、どうしても背中を丸めて口のほうを食器に近づけて食べる、いわゆる〝犬食い〟になりがちです。

私が小学生の頃のことです。給食でカレーライスが出たのですが、クラスの男子が先割れスプーンを握りしめ犬食いをしていた光景が今も目に焼き付いています。この、一本でスプーンとフォークの役割を果たす先割れスプーンについては、「前傾姿勢で食べる犬食いの元凶」と批判する運動が起きたことで、徐々に消えていきました。

犬食いはもちろんよくありませんが、だからといって、食事の最中に背中を丸めているお子さんを親御さんが毎回注意し続けていると、お子さんは食事の時間が憂鬱になってしまうでしょう。

そういうことにならないためにも、最初からごはんはお茶碗で、おかずは手のひらサイズの小皿で、と分けて出してあげるようにしてください。そうすると、お子さんも手を伸ばしやすいので、犬食いになるのを防ぐことができ、背すじも自然にスッと伸びるようになります。

正しい姿勢で食事をすると、内臓を圧迫せず、胃腸の働きがよくなって、食べたものがしっかりと消化され栄養になって体に吸収されていきます。便秘や胃もたれもなく、頭もよく働いて、結果的に成績が伸びるということにつながっていきます。

毎日朝晩、お茶碗や食器をいくつも出していると洗い物が増えて大変、という方は、たとえば週末だけでもそうすると、お子さんの姿勢は違ってきます。各家庭の状況に合わせて効果的な方法を取り入れていくことが、今の時代には合っているでしょう。

また、三角食べ（〝ごはん・汁物・おかず〟の順に少しずつ食べる）が理想といわれていますが、小さいお子さんの場合、好きなものから食べたり、逆に好きなものは後に取っておいたり、ということも多いものです。このとき「順番に食べなさい！」と強制しないほうがいいでしょう。

お子さんの食べ方が、同じものしか食べないといった極端な偏食でなければ、**最終的に全部食べてくれるならいいかと、温かく見守る**スタンスでよいと思います。小さな子どもは、まだ食事との付き合いが短く、「この順番だと美味しく食べられる」という自分なりの理想の食べ方を探している最中です。それを自分で見つけることが、食に興味をもつきっかけにもなります。

(2) 筋力

食事の最中に背中が丸まってしまう場合、そもそも背すじが伸ばせないからということも考えられます。

お子さんはわざと姿勢を悪くしているわけではありません。背すじが伸ばせないのは、脊柱《せきちゅう》起立筋（背筋）の筋力不足ということもあるといいます（『図学研究』第34巻）。

そういうときに無理してよい姿勢をキープしようとすると、肩や首の負担が重くなり、全身にストレスがかかって、血の巡りが悪くなってしまいます。脳への血流も少なくなるので、その結果、頭が働かず、集中力も下がってしまう。そんな負のスパイラルに陥ってしまったのでは元も子もありません。

成長するにつれて自然に筋力はついてくるものですが、やはり適度な運動も必要です。受験生だと、体を動かすことがおろそかになりがちですが、勉強の合間、気分転換に背すじを鍛えるストレッチをお子さんにすすめてみてください。

姿勢と集中力の関係については、勉強するときに背中が丸まっていると、空間認識能力がうまく働かないので、成績が上がらないというデータがあります（『図学研究』「MCT（切断面実形視テスト）によって評価される空間認識力と一般知能との関係」第34巻）。

空間認識能力とは、物の大きさ、向き、位置関係を迅速に理解する能力のことです。地図を読んだり、風景画や立体物を描いたり、機械の図面作成や設計をしたりする際に役に立つ力です。物の構造に対する理解が強いので、勉強では、算数の図形問題が得意になります。

東大などの最難関の学校を目指す生徒は、この空間認識能力が備わっていないと太刀打ちできないということを、中学受験から大学受験の家庭教師を派遣する会社の社長さんがおっしゃっていました。

お箸を上手に使うためのトレーニング法

お箸の選び方はもちろん大切ですが、お箸を上手に使うためのトレーニングも重要です。

そもそも、子どもの手指の力がないと、お箸を上手に使うことができません。そこを無視して、無理やり使わせようとすると、おかしな癖がついてしまうこともあります。うまく使えなくて本人が傷つくことや、親御さんが「私の教え方が悪いのでは」と余計な心配や罪悪感を抱いてしまうこともあるので、おすすめしません。

お箸をもつ準備として、体の姿勢を保つことや、手指の力をつけてあげてから、移行するように段階を踏んであげてください。

小学生が上手にお箸を使えない理由は、お箸のサイズが合っていないことに加えて、**手指の力が弱い**ことも挙げられます。箸使いの上手な子どもと、そうでない子どもの違いは、意外にも、幼児期に手指の力をつける遊びやお手伝いをたくさんやってきたかどうかの違いだったりするのです。

四十代以上の世代からすると、手指の力をわざわざつけたような記憶もないでしょうから、不思議に思うかもしれませんが、**今の小学生の手指の力は非常に弱くなっています。**わかりやすいのが、筆圧です。昭和の時代の小学生が使っていた鉛筆は主にHBだったでしょうが、今は2BやBなど、力を使わなくても濃く書ける鉛筆が主流です。

家事のお手伝いで手指の力がつく

お箸をもつときは、親指と人差し指と中指を使います。洗濯バサミをつまんで洗濯物を干す、プチトマトのヘタを三本の指で取るなど、**お手伝いの中で指の力を養う機会をつくってあげる**とよいでしょう。

手指の力がつくだけではなく、「家族の役に立ててうれしい」「人の役に立ちたい」という気持ちも育んであげられるお手伝いです。

遊びにしても、じゃんけんや指相撲など、手指をたくさん使うものを取り入れると、楽しみながら鍛えてあげることができます。そうやって手指の力をつけてから、体に合ったサイズのお箸を選んで実際に使うようにお膳立てをしてあげると、無理なく上手なお箸の使い方ができるようになるでしょう。

手首をひねる力が乏しい現代の子どもたち

また昭和の時代は、ドアノブや水道の蛇口は手首をひねって開けるタイプがほとんどでしたが、今はどちらもレバーを押すタイプが主流です。ドアも自動ドアが増えています。その結果、日常生活で手首を使う機会が激減し、**指だけでなく、手の力そのものがつきにくくなっている**のです。

小学校受験の入試で、雑巾《ぞうきん》絞りの出題がされることがあります。水の入ったバケツと雑巾が用意されていて、試験官に「これで机を拭いてください」と言われます。

バケツに入った水で雑巾をすすぎ、雑巾を絞り、机を拭き、すすいだ雑巾は再び絞って、指定の場所に干す、という一連の流れを見られるわけです。

雑巾を扱い慣れているか。机の奥から手前へと規則的に丁寧に拭いているか。無駄なことをせず、最小限の回数で効率よく手を動かしていると、段取り力があり、考えてやっている、と判断してもらえます。

とはいえ、最初の雑巾絞りでつまずくお子さんが多いのも事実です。今の子どもは家で雑巾がけなどしないので、急に言われてもできないのです。

濡《ぬ》らした雑巾は横に絞るのか、もしくは縦に絞るのか。正解は縦です。

試験では、雑巾を絞るときに、手首を左右違う方向に縦に回す動きがきちんとできているか、効率よく水を切ることができているか、という点まで見られます。ふだんやっていないと、雑巾を絞ろうとしても、使っていない筋肉は急には動かないので、手首がまず動きません。

大人にしてみると、手首をひねることなど、なんでもないことですが、今の子どもたちにとっては、苦手な動きです。雑巾絞りはもちろんのこと、レモン搾り器でレモンを搾る、ジャムのビンを開けるなど、「ひねる」という動作をお手伝いを通して多く体験させてあげるとよいでしょう。

受験というと、どうしても勉強がどれくらいできるか、ということに関心が集まりますが、手指の力を含めた総合的な体力も同じくらい重要なのです。

「噛む力」が弱いと免疫力が下がる理由

子どもたちに広がっている「お口ポカン」。正確には、「口唇《こうしん》閉鎖不全症」といいます。子どもは3〜4歳になると噛む力がついて、あごや顔の周りの筋肉が発達するので、常に口を閉じて鼻呼吸ができるようになります。しかし**近年、「噛む力」が弱いせいなどで、いつも口が開いている状態の子どもが増えている**のです。

これには大きな原因が2つあります。

一つはアレルギー体質によって、いつも鼻が詰まり気味で鼻呼吸ができず、口呼吸をしていること。また、コロナ禍で習慣となったマスクの着用により、息苦しさなどから鼻ではなく口で呼吸をする人が増えたという影響もあるでしょう。

もう一つは、食の欧米化です。

欧米の料理は、ハンバーガーやパスタなど、さほど噛まずに食べられるものが多くあります。すると噛む回数が減ってしまい、口の周りの筋肉が育たなくなった結果、口が閉じなくなってしまうのです。

口呼吸にはデメリットしかありません。体にさまざまな弊害が生じます。

口を閉じていれば、唾液がたくさん分泌されます。唾液の中にはアミラーゼという食べたものを消化するのを助けてくれる酵素が入っています。また、歯の再石灰化や口の中の傷を治りやすくするなど、口の中を修復し、虫歯を予防する酵素なども含まれます。

しかし、口が開いていると、唾液の分泌が減って、口の中は乾燥します。すると、唾液がもたらす恩恵とは反対のことが起こります。つまり、**食べものの消化吸収が悪くなってしまったり、虫歯になりやすくなったりする**のです。

また、口が閉じていて、鼻呼吸ができていれば、ウイルスや細菌は鼻毛がブロックしてくれますが、口が常に開いていると、それらがストレートに喉へ入ってきてしまうため、感染症や風邪にかかりやすくなります。**体調を崩しやすくなる、免疫力が下がる**ということにもつながっているのです。

さらに、口呼吸を続けていると、あごを突き出した前かがみの悪い姿勢にもなります。

今は歯列矯正の低年齢化が進んでいて、小学生でも当たり前になってきていますが、これも噛む力が弱い口呼吸のお子さんが増えていることが原因の一つともいわれています。

口呼吸は食事のマナーにも悪影響を及ぼします。

口呼吸をしていると、舌が正しい位置ではなく、常に下のほうにある低位舌《ていいぜつ》の状態になります。

そうすると歯並びが悪くなり、食べるときにくちゃくちゃ音が出てしまう、滑舌が悪くなるといったことにつながるとされています。

食事の際の「くちゃくちゃ音」は、周りの人を不快な気持ちにさせてしまいますね。私も以前、親しい方と食事をしたときに、その音が気になってしかたなかったことがあります。

彼女が食事の機会に恥をかかないよう、教えてあげようかと思ったのですが、結局口にすることはできませんでした。それを指摘することは、彼女の家庭での教育にまで踏み込むような気がしたからです。

このように、食事のマナーはデリケートな問題をはらんでいます。それに踏み込むことができるのは、やはり家族。子どもが将来、食事のときに恥ずかしい思いをしないよう、お口ポカンを含め、悪い癖は早めに直してあげるのがいいでしょう。

「噛む力」が記憶力に影響する

「噛む」ことは食事だけでなく、知能の発達や健康にも大きく関わっていることが、多くの研究や実験から報告されています。

日本咀嚼《そしゃく》学会によると、幼稚園児56名に対し、咀嚼力と記憶力のテストを行ったところ、硬い食べものを加えたメニューの給食を食べた園児のほうが、そうでない園児よりも噛む力が強く、記憶力テストの結果もよかったそうです（増田純一『子どもの知能と身体を発達させる噛む力』WAVE出版）。

だからと言って、噛む力が弱いお子さんに、いきなり硬いものをあげてもうまく食べることはできません。あごが疲れてしまうからです。そこは焦らずに少しずつ、段階を上げていく必要があります。

たとえば、子どもの歯で噛めるように柔らかく調理したとしても、それを大きく切ることで、噛む回数を増やすことができます。口を大きく開けてパクッと食べるような、噛み

応えのある食べものを意識的に出してあげるのです。

お肉であれば、そぼろのようなポロポロした状態よりも、ある程度かたまりで出したほうが、噛む回数が増えて噛む力もつきます。ひき肉の場合は、ハンバーグや肉団子のような形で出してみるなど工夫します。

「おやつのりんご」も、これまでは食べやすいように一口サイズに切っていたのなら、あえて一口では食べきれないくし形切りにして、かじり取る経験を増やしてあげるだけでも違います。

それを繰り返していくと、噛む回数が自然に増えていって、口の筋肉も少しずつついてきます。日々こうした小さなことを積み重ねていくのがよいでしょう。

また、食事のときに何回噛みながら食べているか、ゲーム感覚で数えてみるのもおすすめです。いずれにしても、お子さんが楽しんでできるようにするのが、続けられるポイントです。

今の日本人は一回の食事で600回ぐらい咀嚼して、時間にすると平均10分程度で食べ終えてしまう人が多いそうです。それが戦前に遡《さかのぼ》ると、約1400回噛み、食事の時間も20分くらいと、今の約2倍だったといいます（「各時代の復元食の咀嚼回数と食事時間」東京都保健医療局）。噛む力も昔の日本人のほうが、今よりかなり強かったのではないでしょうか。

昔は今よりも硬めの食事を食べていたことも、その背景にあるでしょう。主食のごはん一つとっても、精米された白米ではなく、玄米や麦飯、雑穀が入っているものだったり、干物や丸干しのような硬い魚だったりを食べていたと想像できます。それで噛む回数も多かったのではないかと考えられます。

子どもが足をブラブラさせていませんか？

お子さんは、食事のときに足をブラブラさせて座っていませんか。**足の裏がしっかり地に着いていないと、噛む力は発揮されません。**

食卓の椅子やテーブルの高さがお子さんに合っているかどうかを見直してあげましょう。

足の裏が床にペタッと着くように、椅子の高さを調整します。椅子が高く、足がブラブラするようだったら、椅子の下にボックスや台を入れて、そこに足が着くようにします。姿勢も正しやすくなるでしょう。

受験生に人気の床に足の裏が着かないタイプの姿勢矯正椅子を使って勉強しているお子さんも、食事のときは注意が必要です。

足の裏を床に着けることによって、噛む力や噛み合わせる上下の歯の面積、噛む回数が15〜20%アップするそうです（倉治ななえ「噛む力アップには足をつけて食事をしよう」小児歯科臨床9：40-45、2004／ロッテ 噛むこと研究室）。

ここで、興味深い論文を紹介しましょう。お茶の水女子大学大学院の小学生の咀嚼習慣と食に関する論文です。

論文のもとになった調査では、よく噛む子どもは噛まない子どもに比べて、食べものに対して感謝する心や関心をもち、五感を使った食べ方をする傾向があるという結果が出たといいます。

これは、食に対する意識が高いということになるでしょう。17ページでご紹介した開成学園の校長先生がおっしゃっていた内容そのものです。

勉強ができる以前に人として生きていくうえで土台になる力が育まれているか、食事づくりなど家の手伝いを通して家族への感謝や人の役に立とうとする気持ちをもって行動できるか、ということです。

よく嚙むということは、名門校が求めている力を養うことにもつながっているのです。

第４章

食卓を通して
身につけてほしい
「生きる力」

反抗期を迎える前の10歳頃までがカギ

「食育」の大切さが、広く知られるようになってきました。食べることだけでなく、幼い頃から子どもに料理を手伝ってもらうなど、家庭で食育に取り組むメリットははかりしれません。子どもの頃の体験が一生の財産になるということもありますし、独立して自炊生活になるときも、自ら健康のことを考えた食事をつくれるようになるでしょう。一時的に不摂生な食生活になることがあったとしても、すぐに修正することができるのです。

もちろん受験にも役立ちます。私の料理仲間の先輩のお子さんが麻布高校から国立大の医学部に合格し、研修医をしていたときに聞いたのですが、幼少期から台所で料理をつくる習慣があったことが算数や理科への好奇心につながっていったといいます。研修医の時期はとても忙しそうですが、時間をやりくりしてバランスのとれた食事をつくると、体調を崩すことがなく、「土台は料理から学んだ」とはっきりおっしゃっていました。

また、私の料理講座に参加してくださった人の中に、お子さんが開成中学に合格された方がいらっしゃいました。親御さんが共働きで忙しいため、その子は自分で塾弁をつくっていたそうです。塾弁とは塾で食べるお弁当のことで、塾に通っているとどうしても晩ごはんの時間が遅くなるため、つなぎとしてお弁当を持参する子どもも多くいます。

塾弁のおかずは手間がかかるものではなく、一品だけだったり、前日の晩ごはんの残りものだったりでかまいません。おにぎりを握るだけでもいい。手づくりのものを食べたほうが、コンビニのお弁当を食べるよりも、体の調子がいいというのは子どもでもわかるようです。子ども自身そう実感するから、自分でつくろうという気持ちも湧いてくるのです。

そのお子さんの親御さんは料理講座で学んだメニューを家でつくりながら、「こういうのを食べると頭の働きにいいんだって」と、お子さんに教えてあげていたそうです。親が楽しみながらやっている姿を見ると、子どもは興味をもつものです。意外に、男の子のほうが面白がってやる傾向があります。

また、テレビやユーチューブを観ながら食事をするのは、脳が「今は食事の時間ではない」と判断して消化吸収が悪くなるため、一刻も早くやめさせたい習慣の一つです。これも、理由がわかると子どもが自ら やめたりします。

あなたのお子さんが小学校高学年だったら、本書のレシピ（129ページ〜）の料理を自分でつくってみるようすすめてみてはいかがでしょうか。

お箸のもち方、食べ方といった作法は、反抗期を迎える前のほうが身につきやすいことはお伝えしましたが、料理は中学からでも、それ以上からでも大丈夫です。遅いということはありません。

ただ、やはり早いに越したことはありません。お子さんが私立の中学に通うようになると、遠距離通学になることもあるでしょう。東大などの難関大学を目指す中高生のお子さんなら鉄緑会《てつりょくかい》などの塾に入ることもあります。そうなると、料理を教えてあげる時間は本当になくなります。幼少期のうちに料理を教えておけばよかったと後悔する声もよく耳にします。

コンビニ食や外食との上手な付き合い方

子どもが塾弁をコンビニで調達しているという場合、食べたいから食べるというよりは、親が忙しくて用意できないのでやむを得ず、ということが多いと思います。親もお弁当をつくってあげられないことに、罪悪感を抱くこともあるのではないでしょうか。

私は、コンビニのお弁当やお惣菜《そうざい》は絶対口にしない、というのではなく、うまく付き合っていけばよいと考えています。たしかにコンビニのお弁当やお惣菜は、食品添加物が多く含まれていたり、味付けの濃いものが多かったりします。そればかり食べていると、体調を崩すことがあるかもしれません。でも、家庭で食事を摂るときは、バランスのよいものを出してあげたり、コンビニのお弁当を出す場合でも味噌汁は手づくりしてあげたりすれば、子どもの体が不調に陥るようなことは避けられると思います。

中学受験の塾の大手H学園にお子さんを通わせている親御さんからうかがったのですが、塾の先生から、「毎食味噌汁を出してください。パン食のときもです」と言われたそうです。受験生の体調管理に味噌汁が欠かせないという知識が、それだけ浸透してきているということでしょう。

コンビニの惣菜などを買う場合には、**裏に書いてある原材料を見て、「／（スラッシュ）」以降に記載されている食品添加物などがなるべく少ないものを選ぶ**ことをおすすめします。実際に子どもと一緒にコンビニに行って、どういうものを選べばよいか、教えてあげるのもいいですね。最近はコンビニ業界も努力されていて、食品添加物を使わない惣菜なども出てきています。

考え方はいろいろですが、「自宅での食事をきちんとしていれば、コンビニに行ったときは好きなものを買って食べていいよ」という選択があってもいいと思うのです。

外食も一緒で、親子で外食をするときは、できるだけ品数が多く、5色を目安に栄養バランスがよいメニューを選ぶように、教えてあげます（次ページの表）。

たとえば、焼き魚に大根おろし、豚肉のしょうが焼きにキャベツの千切りなど、消化吸収を促してくれる食べ合わせに気を配るといいでしょう。

このように色の面から食材の栄養を考えるようにすると、ゲーム感覚で無理なく栄養バ

5色の食材リスト

 **赤の食材**	**牛肉、豚肉、鶏肉、マグロ、サケ、サバ、エビ、トマト、にんじん、赤ピーマン、いちご、すいかなど** 赤身の肉や魚には良質のたんぱく質や脂質がたっぷり。赤い野菜や果物に含まれているβ-カロテンは、体内でビタミンＡに変換されて、免疫力を高める効果が期待できます。
 **白の食材**	**ごはん、パン、うどん、そうめん、白身魚、玉ねぎ、大根、じゃがいも、牛乳、豆腐、バナナ、りんごなど** ごはんやパン、うどんに含まれる炭水化物の糖質は体のエネルギー源になります。ただし、摂りすぎると脂肪として蓄えられるので、摂取量には注意が必要。
 **黄の食材**	**卵、味噌、納豆、チーズ、かぼちゃ、さつまいも、コーン、みかん、レモンなど** 味噌や納豆などは“畑の肉”といわれる大豆でつくられています。またいも類や柑橘類はビタミンが豊富です。
 **緑の食材**	**キャベツ、ほうれん草、ピーマン、レタス、きゅうり、ブロッコリー、アスパラガスなど** 緑黄色野菜は食物繊維やビタミン、ミネラルの宝庫です。
 **黒の食材**	**海藻、きのこ、黒豆** **黒ごま、わかめ、昆布、ひじき、海苔、しいたけ、黒きくらげ、レーズン、ブルーベリーなど** 低カロリーかつ食物繊維、ミネラルが豊富に含まれます。

ランスに関する知識が身につきます。

たとえば、子どもの目の前に食材を並べて、「この中に何色を足したら栄養バランスがよくなると思う？」などと質問すると、「黒いものがないから海苔とか足したらいいんじゃないかな」と自分で考えて答えるようになります。

外食やコンビニ食が続いて、子どもが胃の重さや体のだるさを訴えていたら、野菜不足が考えられるので、5色の食材リストを参考に、家で野菜入りの味噌汁や、大根おろしにレモンやすだちなどをかけたものを出してあげてください。消化の力を助け、不調を感じることも少なくなるでしょう。

旬の食材を使おう

お子さんと一緒につくる料理でおすすめなのは、お子さんが好きなものを基本として、旬の食材を使ったものです。

今は一年中、いろいろな食材が流通しているので、旬のものがわからないお子さんが増えています。しかし学校側としては、受験生が四季の違いをどう捉えているか、季節ごとの食材や風習を大切にしているどうかを見ているところがあります。

前述しましたが、文部科学省が定めている幼稚園の教育要領や小学校の学習指導要領に、季節を尊重した教育方針が掲げられていることからも、この傾向はさらに強くなるでしょう。

実際に、小学校受験でも中学受験でも、食材に限らず、季節の植物や行事について必ずと言っていいほど出題されています。

季節に対する感覚を養うためにも、スーパーなどに買い物に行くときは、子どもも一緒に連れていって、今の季節にはどんな食材が並んでいるかを実際に目にする習慣をつけるとよいでしょう。

特別なことをしなくても、日常生活で学べることはたくさんあります。実体験の積み重ねを大事にしてあげてください。

幼稚園と小学校の受験で、面接がある学校の場合、「季節感を大切にしている」ことが試験官に伝わると、得点が上がることも考えられます。

たとえば、幼稚園受験の鉄板の質問に、「朝ごはんに何を食べてきましたか?」「お昼ごはんは何を食べてきましたか?」というものがあります。

この模範解答の例は、「**納豆ごはんを食べました**」。

納豆は体にいい発酵食品であることが知られているので、そういうことを意識している家庭なんだなということが試験官に伝わるからです。

ただ、みんながみんな「納豆ごはん」と答えてしまうと、他の子と差がつきません。倍率10倍を超えるような難関校ならなおさらです。

そこで、**旬のもの、季節感のあるものをプラスして、さらに家族のエピソードまで加える**ようにすると、そのご家庭だけのオリジナルな答えになるので、試験官に印象づけられます。

私がサポートさせていただいている受講生さんに、面接で「何を食べてきましか?」と訊《き》かれた際におすすめしているのが、「**手づくり味噌のお味噌汁**」です。たとえば、「今日は何を食べてきたかを問われたら、「納豆ごはんと、手づくり味噌のお味噌汁を飲んできました」と答えるのです。

184ページでくわしくお伝えしますが、味噌づくりは一年ぐらいの時間をかけて行います。

ここでのポイントは、親が一人でつくるのではなく、子どもと一緒につくること。子どもは自分がつくったものは忘れませんし、大豆が発酵していく様子を自分の目で見ることは理科や科学の勉強にもなります。一年という長い時間をかけるわけですから、付け焼き刃のものではない知識がしっかり身につきます。

面接で子どもが「手づくり味噌のお味噌汁を飲んできました」と答えると、試験官から「味噌を手づくりされているのですか？」など、親御さんに質問がくることもあります。もともと大豆だったものが発酵することによって熟成していく様子を、子どもの成長にたとえて伝えたという方もいます。そのご家庭の娘さんは、皇后雅子さまのご出身校として知られる田園調布雙葉学園の附属幼稚園に合格されました。

わが家でも、毎年1月に親子で味噌を仕込んでいます。子どもが幼稚園を受験するとき、面接でそのことを話すと、非常に関心を寄せていただきました。

願書に教育方針など家庭で大切にしていることを書く欄があり、そこに味噌づくりのことを書いたら、園長先生に、「材料は何にこだわっているのですか？」など、いろいろとご質問いただいたのです。とくに難関校や有名大学の付属校はその傾向があるようです。

受験テクニックの一つといえばそれまでですが、「この親は教養がある」「家族の健康管理に気を配っている」と捉えてもらえるわけですから、メリットこそあれ、デメリットはないでしょう。

学校が求める子どもの像によって若干の違いはありますが、「毎日食卓に味噌汁を並べている家庭が好ましい」という学校は多いと感じています。とくに大学の付属校はその傾向があるようです。

おせち料理をつくる家庭は合格率が高い

日本の伝統的な食文化を知っておくことは、国際社会で生きていくために必要なことでしょう。外国の人に「日本人なのに知らないの？」と言われてしまうと、立場がなくなってしまいます。

桜蔭中学では、おせち料理の意味を答えさせる問題が出題されました。黒豆やなますなど、おせち料理の一つひとつには長寿や五穀豊穣などそれぞれ意味が込められていますが、それを求める問題です。

このようなことは、教科書で勉強するというより、家庭で毎年食べるときに親が子どもに教えていれば、子どもは自然に覚えていくようです。

しかし今、おせち料理をすべて手づくりしている家庭は、1割以下だそうです。市販品と手づくりを組み合わせて用意している家庭が5割強といいます（日本デジタルリサーチ「おせちに関するアンケート調査結果」2021年）。

学校は、おせち料理のすべてに手づくりを求めているわけではありませんが、おせち料理を食べる風習を大事にしているご家庭かどうか、その意味をわかって食べているのか、そういうところを見ているのだと思います。

子どもの性格タイプ別　合格する食べもの診断

「集中力が続かない」「イライラしやすい」「最後まで粘り強く取り組めない」「本番に弱い」……。もし、お子さんが、そのような悩みを抱えているとしたら、日頃食べているものに原因があるかもしれません。

そこで、子どもを性格タイプ別に分けて、それぞれ受験に合格しやすい食べものは何かをご紹介しましょう。

お子さんの好きな食べもの・苦手な食べものや、食事のときの様子を思い浮かべながら、あるいはお子さんと一緒に、次ページのＹＥＳ・ＮＯに答えてみてください。診断リストはその次のページに載っています。

４つの性格のタイプに合わせた食材を補うことで、大切な受験の日に最大限の力を発揮できるかもしれません。

ぜひ、お試しください！

子どもの性格タイプ別
受験に合格する食べもの診断

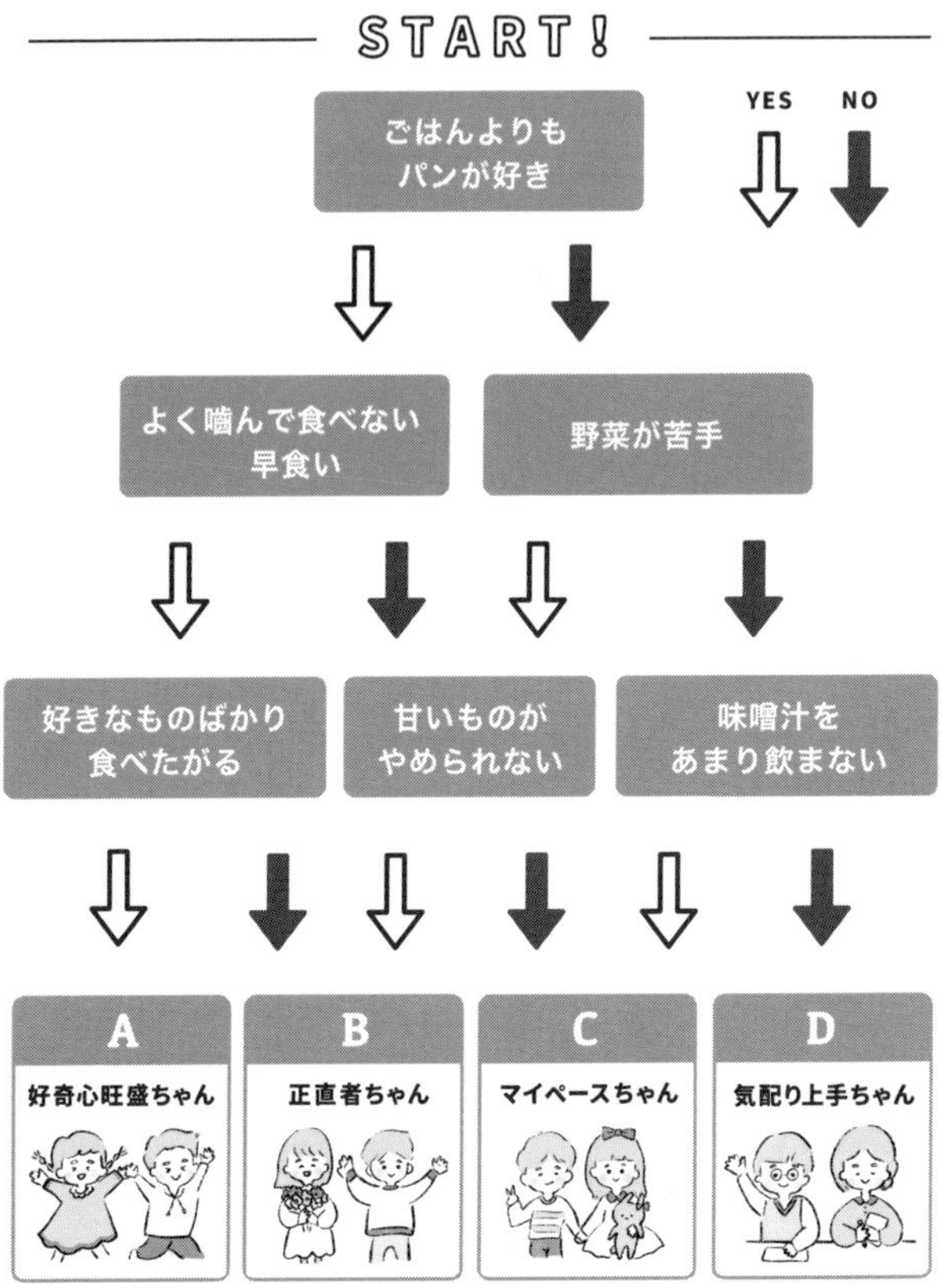

A
好奇心旺盛ちゃん

いろいろなことに興味があり目移りしやすいタイプのお子さんは、頭を働かせるために必要なエネルギーが不足すると、集中力が長続きしない可能性が。脳のエネルギー源になる炭水化物を食べるとよいでしょう。ただし、食べすぎると逆効果なので、量にはお気をつけください。

B
正直者ちゃん

正義感が強く自分が正しいと思ったことは曲げないタイプのお子さんは、甘いものを食べすぎると血糖値の乱高下が起こり、イライラしやすくなり感情のコントロールが難しくなるかもしれません。その場合は、血糖値の上昇がゆるやかになる野菜を食べるのがおすすめです。

C
マイペースちゃん

自分が楽しいと思うことに突き進むタイプのお子さんは、自分のペースで食事を摂るため摂取量が少なくなるとスタミナ不足になる可能性が。体のバランスを保つためにも、塩気のあるものを食べましょう。ただし、塩分の過剰摂取は将来病気につながるおそれがあるので注意が必要です。

D
気配り上手ちゃん

お友だちに気遣いができる繊細なタイプのお子さんは、試験本番で緊張しやすい傾向があります。精神状態を鎮め、リラックス効果がある豆腐を食べると、ホッと一息つけて落ち着くことでしょう。ただし、豆腐には体を冷やしやすい性質がありますので、温めて食べるなど調理方法を工夫しましょう。

第5章

お手軽！ 美味しい！
脳と体にいい！

「合格メニュー」30選

志望校合格を目指すお子さんを食事の面からサポートするメニューを、６つのテーマに分けてご紹介します。忙しいなかでも簡単にできて、しかも美味しく栄養価の高いレシピばかり！　大切な日に万全の体調で実力を最大限発揮できるように、脳や体、心の疲労回復にも気を配っています。

さばの塩焼き定食

朝ごはん

〈さばの塩焼き〉

材料（2人分）

- さば（切り身）……1切れ
- 塩……2つまみ
- 大根……2㎝
- レモンのくし形切り……2切れ
- 青じそ……2枚

つくり方

❶さばは長さを半分に切り、皮に約5㎜深さの切り込みを、3本ずつ入れる。
塩ひとつまみをふり、さばを裏返して、同様に塩ひとつまみをふり、約5分間おく。
ペーパータオルで軽く押さえるように、水気を拭く。
魚焼きグリルで焼き色がつくまで焼く。
❷大根は皮をむき、おろし器ですりおろしてざるに上げ、汁気を切る。
❸皿に青じそを敷き、①のさばをのせる。②の大根おろし、レモンのくし形切りを添える。

〈副菜：ひじきの五目煮〉

材料（作りやすい分量）

● 乾燥芽ひじき……15g ● にんじん・れんこん……各 1/4 個
● 絹さや……5 枚 ● 油揚げ……1 枚 ● 水……100ml
● 砂糖・醤油・みりん……各大さじ 2 ● 油……大さじ 1
● 白いりごま……適宜

つくり方

❶乾燥芽ひじきはサッと水洗いして表面の汚れを落としてからボウルに入れる。たっぷりの水を加えて、ひじきが柔らかくなるまで戻し、水気を切る。
にんじんは短冊切りにする。れんこんは薄いいちょう切りにして水にさらす。
絹さやはヘタと筋を取り除き、斜め半分に切る。油揚げは短冊切りにする。
❷鍋に油を熱し、①のひじきを入れて炒め、全体に油が回ったらにんじん、れんこん、絹さや、油揚げを入れて全体に油が回るまで炒める。 水、砂糖、醤油、みりんを加えて落し蓋をし、煮汁が少し残るくらいまで約10分弱火で煮る。
❸②を小皿に盛りつけ、白いりごまを指先でひねってつぶしながら振る（ひねりごま）。

〈わかめととろろ昆布の味噌汁〉

材料（2人分）

● 乾燥わかめ・とろろ昆布……各2つまみ ● 湯……300ml
● 味噌……大さじ1

つくり方

❶お椀に乾燥わかめ、とろろ昆布、味噌を入れる。
❷①に湯を注ぎ、味噌を溶く。

★慶應義塾中等部 2016 年度の社会で出題された「和食の配膳」、手首や指先を使う作業（ひねりごま、レモンを搾る、大根をおろす）、嚙む力を育てる（ひじきの五目煮）、乾物とポットのお湯だけでできる鍋不要の味噌汁、脳によい DHA や EPA が豊富な青魚など、本文に出てくるポイントが複数網羅されています。

POINT

和食の配膳、手首や指先を使い、嚙む力が育つ、乾物とポットのお湯で作る味噌汁、脳を活性化させる DHA や EPA が豊富な青魚。

《グルタミン酸＋イノシン酸》の相乗効果！

塩昆布おにぎり＆しょうが豚汁　朝ごはん

〈塩昆布おにぎり〉

材料（2個分）

●温かいごはん……200g　●塩昆布……10g　●白いりごま……適宜

つくり方

ボウルにすべての材料を入れて混ぜ、三角形に握る。

〈しょうが豚汁〉

材料（2人分）

●豚バラ薄切り肉……30g　●しょうが……1/4 かけ

●ごぼう、大根、にんじん……好みのもの各3㎝　●こんにゃく……1㎝

●油……小さじ 1　●だし汁……300ml　●味噌……大さじ 1

つくり方

❶豚肉を食べやすい大きさに切る。しょうがはすりおろす。ごぼうは斜め薄切り、大根、にんじんはいちょう切りにする。こんにゃくは短冊切りに。

❷鍋に油、おろししょうがを中火で熱し、香りが出たら、豚肉、野菜、こんにゃくの順に加え、火が通るまで炒める。だし汁を加え、ひと煮立ちしたら火を止めて味噌を溶き入れる。

POINT　昆布の旨み成分「グルタミン酸」に豚肉の「イノシン酸」を合わせることで相乗効果が発揮され、旨みが飛躍的に強くなります。

朝からスタミナモリモリ！

ネバネバ丼 朝ごはん

材料（2人分）

- 温かいごはん………茶碗２杯分
- ひきわり納豆………1パック
- オクラ………………２本
- 長いも………………4㎝
- 温泉卵………………２個
- キムチ………………大さじ２（約30g）

つくり方

❶オクラは塩少々（分量外）をまぶし、手でこすってうぶ毛を取り、熱湯でサッとゆでる。水気を切り、斜め半分に切る。
❷長いもは皮をむき、繊維に沿って短冊切りにする。
❸器にごはんを盛り、ひきわり納豆、①、②、温泉卵、キムチをのせる。好みでしょうゆ（分量外）をかける。

POINT ネバネバ食材でスタミナアップ。ひきわり納豆、温泉卵で効率よく栄養素を摂取。食材を大きめに切れば、噛む回数が増えます。

糖質とビタミン B_1 が摂れるカナダ発祥のトーストサンド

モンティクリスト

朝ごはん

材料（2人分）

- 食パン（6枚切り）……4枚
- スライスハム…………2枚
- スライスチーズ………2枚
- 卵………………………2個
- 砂糖……………………大さじ2
- 牛乳……………………100ml
- バター…………………20g
- メープルシロップ……適宜

つくり方

❶食パンは2枚1組で、スライスハム、スライスチーズを挟む。
❷卵液を作る。ボウルに卵を割りほぐし、牛乳を混ぜ合わせ、砂糖を入れてざるで濾す。
❸②の卵液の中に①を浸す。
❹フライパンにバターを中火で熱し、③の食パンの両面に焼き色がつくまで焼く。弱火にして蓋をして中に火が通るまで焼く。
❺④を半分に切り、皿に盛り付け、好みでメープルシロップを添える。

POINT

脳のエネルギー源「糖質」と代謝に必要な「ビタミンB1」が同時に摂れます。サラダや野菜スープを添えれば栄養価アップ。

クエン酸の働きで、カルシウムの吸収率アップ！

梅しらすごはん　朝ごはん

材料（2人分）
- 温かいごはん……茶碗2杯分
- しらす……………大さじ4
- 梅干し……………2個
- 青じそ……………2枚
- 刻み海苔…………適宜
- 白いりごま………適宜

つくり方
❶青じそはせん切りにする。
❷器にごはんを盛り、しらす、①、刻み海苔をのせ、白いりごまをふり、梅干しをのせる。

POINT
梅干しのクエン酸の働きで、しらすと海苔に豊富に含まれるカルシウムの吸収率がアップ。唾液の分泌を促進させて食欲増進にも。

免疫力アップに役立つトマトをジュースで効率よく摂取！

トマトゼリー　おやつ

材料（ゼリーカップ２個分）

- トマトジュース(無塩)………150ml
- オレンジジュース……………150ml
- はちみつ………………………大さじ1
- ゼラチン………………………5g

つくり方

❶ゼラチンをパッケージに表示されている説明通りに水で戻す。

❷鍋にトマトジュース、はちみつを入れて熱し、80℃になったら火を止めて①を加え混ぜ、溶けたら濾しながらボウルに移す。

❸②にオレンジジュースを加え混ぜ、ボウルを氷水にあてて、ややとろみがつくまで冷やす。

④器に注ぎ入れ、冷蔵庫で冷やし固める。

※はちみつを使用したものは１歳未満のお子様には与えないでください。

POINT　免疫力アップに役立つトマトはジュースを使うことで効率よく栄養素が摂れます。トマトが苦手な子でも食べやすいレシピです。

ヨーグルトのカルシウムでイライラ解消！

フルーツヨーグルト　おやつ

材料（2人分）
- ヨーグルト（プレーン）………200g
- 好みの果物（キウイ、みかん、バナナ、ブルーベリーなど）……適宜
- はちみつ………………………適宜

つくり方
❶果物は食べやすい大きさに切る。
❷保存容器にヨーグルトを入れ、①の果物を加える。
❸好みではちみつをかける。夏は冷凍しても美味しい。

※はちみつを使用したものは1歳未満のお子様には与えないでください。

★果物の切り口を観察してみましょう（小学校受験で頻出しています）

POINT
イライラ解消に役立つカルシウムや腸内環境を整える乳酸菌を含むヨーグルトに果物のビタミンCや食物繊維をプラスして効果的に。

目や体の疲労回復にはレーズンとくるみが効果的！

レーズンくるみ味噌パウンドケーキ　おやつ

材料（175 × 65 × H45㎜の紙型1台分）

●無塩バター………100g	●米粉………………………………100g
●砂糖…………………100g	●ベーキングパウダー………… 小さじ 1
●味噌………………大さじ 1	●レーズン ………………………… 30g
●卵…………………2 個	●くるみ（ロースト済みのもの）…30g

つくり方

❶無塩バターと卵を常温に戻しておく。米粉とベーキングパウダーを混ぜ合わせておく。レーズンは湯通しして水気を切っておく。くるみは粗く刻む。オーブンを170℃に予熱しておく。

❷ボウルに無塩バターを入れ、泡立て器または ハンドミキサーで混ぜてクリーム状にする。砂糖を加えて白っぽくなるまで混ぜ合わせる。味噌を加え混ぜる。

❸②に溶いた卵を少しずつ加え、分離しないように 気をつけながら、混ぜ合わせる。

❹③に①の粉類とレーズン、くるみを一度に加え、ゴムベラで混ぜ合わせる。

❺④を紙型に流し込み、170℃のオーブンで 30 ～ 40 分焼く。中央に竹串を刺して生地が付かなければ焼き上がり。

★パウンドケーキのつくり方は麻布中学の入試で出題されました（2020 年度・理科）

POINT
目や体の疲労回復に役立つレーズンとくるみ入りのおやつ。
味噌の塩気がケーキの甘さを引き立て、深みのある味わいに。

お腹の調子を整えて免疫力アップ！

焼き芋アイス　おやつ

材料（2人分）

●焼きいも………………1本

つくり方

❶焼きいもを輪切りにして、冷凍する（好みで皮をむいても）。

❷食べる前に室温におき、半解凍の状態になったら食べ頃。

POINT

焼きいもを凍らせることで食物繊維の働きに似たレジスタントスターチが増えます。お腹の調子を整えて免疫力アップ。

一品で５大栄養素を効率よくチャージ！

味噌焼きおにぎり　おやつ

材料（２人分）

- 温かいごはん…………200g
- 味噌……………………大さじ１
- 甘酒……………………大さじ１
- 白いりごま……………適宜

つくり方

❶味噌、甘酒を混ぜて甘味噌をつくる。

❷ごはんを三角形に握り、片面に①を塗る。魚焼きグリルやオーブントースターで焼き色がつくまで５分ほど焼く。好みで白いりごまをふる。

POINT　米と味噌でおにぎりにすれば、一品で五大栄養素を効率よくチャージできるので、食欲や時間の余裕がないときに重宝します。

子どもに大人気のメニューで貧血予防＆疲労回復！

牛肉と3色野菜のビビンパ　塾弁

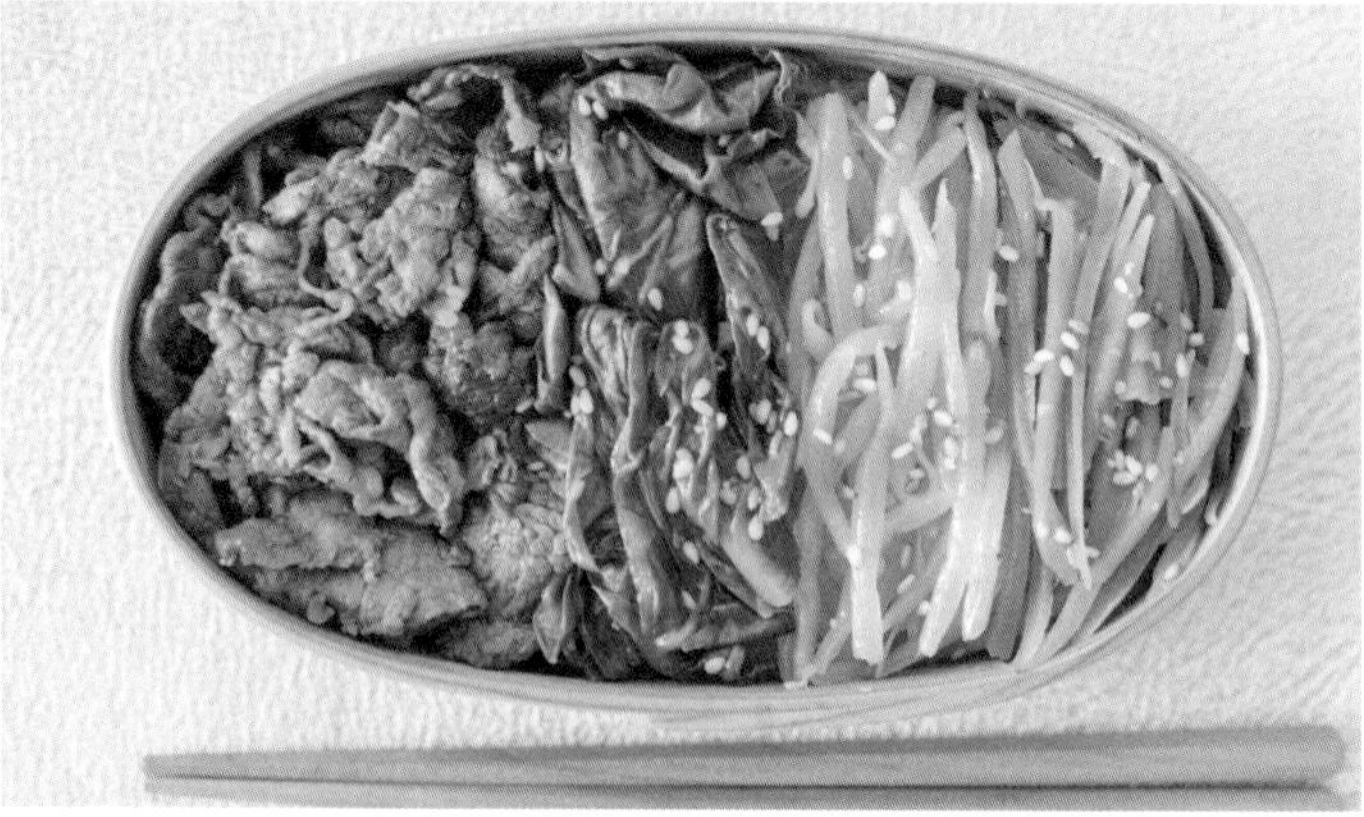

材料（2人分）

- ごはん………………茶碗2杯分
- 牛肉切り落とし……60g
- ほうれん草…………1株
- にんじん……………1/4本
- もやし…………………1/4袋
- 砂糖・酒・醤油…………各小さじ2
- ごま油…………………小さじ2
- 塩………………………少々
- 白いりごま……………適宜

つくり方

❶牛肉は食べやすい大きさに切る。ほうれん草は長さ4㎝に切り、にんじんはせん切りにする。
❷フライパンにごま油小さじ1を熱し、①の牛肉を炒める。肉の色が変わったら、砂糖・酒・醤油の順に加え、汁気がほぼなくなるまで煮詰める。
❸鍋に湯を沸かし、にんじん、もやし、ほうれん草の順に加え、火が通ったら取り出して水気を切り、残りのごま油小さじ1、塩を和える。
❹弁当箱にごはんを盛り付け、②、③をのせ、白いりごまをふる。

POINT　牛肉のヘム鉄にほうれん草の鉄分をさらにプラスして貧血予防や疲労回復の促進に。ごま油のコクと香りが食欲をそそります。

カレールゥ不使用の“さっぱりカレー”！

キーマカレー　塾弁

材料（2人分）

- ごはん…………茶碗2杯分
- 合いびき肉……200g
- ゆで卵…………1個
- 玉ねぎ…………1個
- にんじん………1/2本
- しょうが…………………………1かけ
- カットトマト缶……………………1缶（400g）
- グリーンピース（冷凍または缶）…20g
- カレー粉・トマトケチャップ……各大さじ1
- 油………………………………大さじ1
- 塩………………………………適宜

つくり方

❶ゆで卵は半分に切る。玉ねぎ、にんじん、しょうがをすりおろす。グリーンピースが冷凍の場合は、解凍しておく。
❷鍋に油、①のすりおろし野菜を入れ、甘みが出るまで弱火で炒める。
❸②に合いびき肉を加え、色が変わるまで中火で炒める。カレー粉を加え混ぜて炒める。 トマト缶を加え混ぜ、汁気がなくなるまで煮詰める。トマトケチャップ、塩で味を調える。①のグリーンピースを混ぜ合わせる。
❹弁当箱にごはんを盛り付け、③をのせ、①のゆで卵を添える。

POINT　香味野菜類の甘みが出るまでじっくり炒めるのが美味しさの最大のポイント。カレールゥ不使用なので、さっぱりと食べられます。

具だくさんで噛む力がアップ！

具だくさんサンドイッチ　塾弁

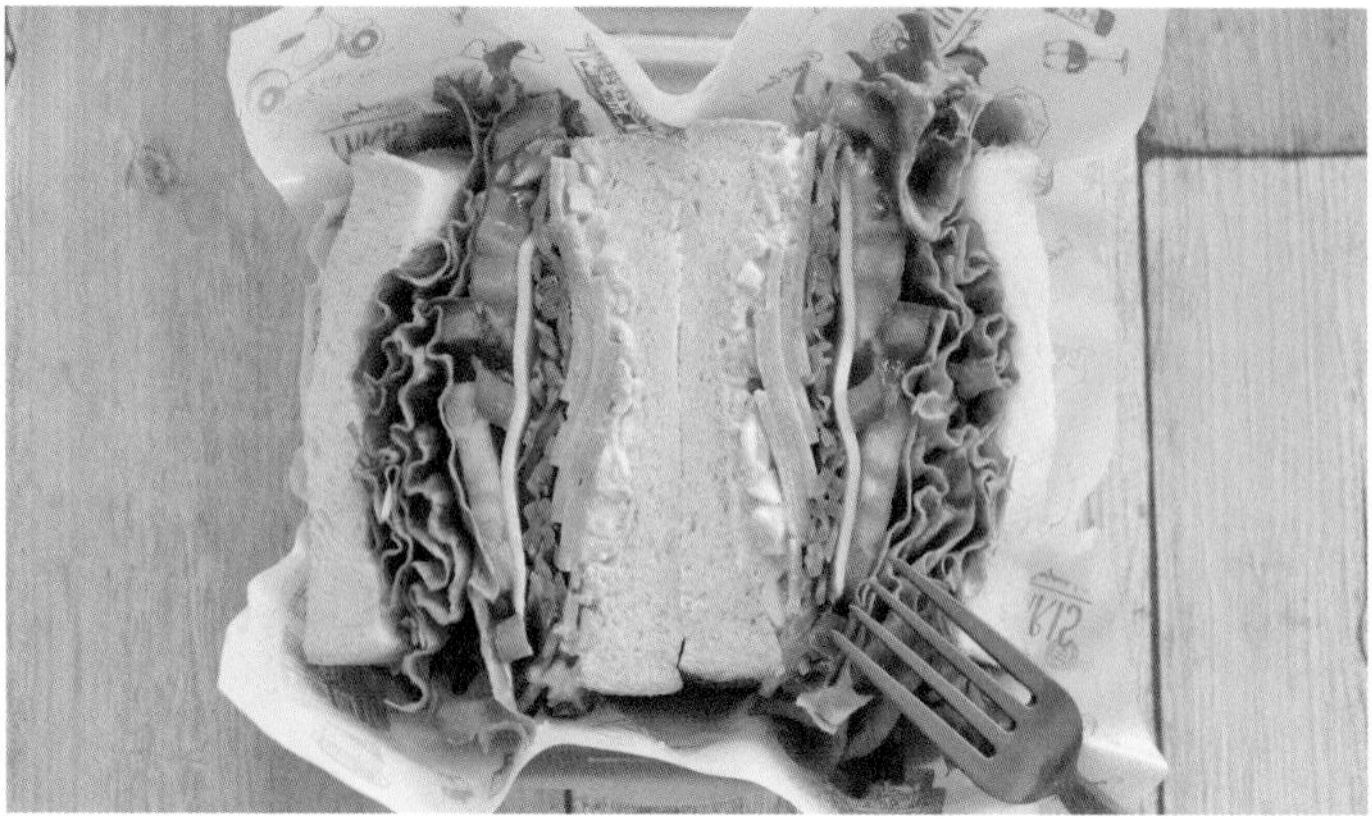

材料（2人分）

- 食パン（6枚切り）……………2枚
- リーフレタス…………………1/8個
- トマト…………………………1個
- スライスチーズ………………1枚
- にんじん………………………1/8本
- スライスハム…………………3枚
- ゆで卵…………………………1個
- マヨネーズ……………………適宜
- 塩・こしょう…………………各少々

つくり方

❶トマトはスライスして、出てきた水気をペーパータオルで拭き取る。にんじんは千切りにして、塩・こしょうをして 5 分置き、出てきた水気をペーパータオルで吸い取る。ゆで卵は フォークでつぶして、マヨネーズで和える。

❷食パン 1 枚に材料表記の上から順に食材を重ねていく。もう 1 枚の食パンで具材を挟む。

❸②のサンドイッチをラップで包み、5分置いてパンと具材をなじませる。ラップごと半分に切る。

POINT　炭水化物に偏りがちなサンドイッチを具だくさんにすることで、栄養バランスが整う一品に。また、噛む回数を増やすこともできます。

甘辛い味付けで食欲増進！

いわしの蒲焼き弁当 塾弁

材料（2人分）

- ごはん……………………………茶碗2杯分
- いわしの開き……………………2尾分
- ししとう…………………………2本
- 青じそ……………………………2枚
- 米粉………………………………小さじ1
- 砂糖・酒・醤油・みりん……各大さじ1
- 白いりごま………………………適宜
- 油…………………………………小さじ1

つくり方

❶いわしはキッチンペーパーで余分な水気をおさえて両面に米粉をまぶす。
❷中火で油を熱したフライパンに、ししとう、①の身の面を下にして入れて焼き、焼き色がついたら皮面を焼く。
❸火を止めて②に砂糖・酒・醤油・みりんを入れ、再び中火にかけ煮詰める。とろみがついたら完成。
❹弁当箱にごはんを盛り付け、青じそを敷く。 いわしの蒲焼き、ししとうをのせて白いりごまをふる。

POINT 子どもでも食べやすい甘辛い味付けの青魚レシピ。調理前にキッチンペーパーで余分な水気をおさえることで、青魚特有の臭みを軽減。

ヘム鉄＆タンパク質＆ビタミンCで貧血予防！

あさりのトマトリゾット　塾弁

材料（スープジャー約400ml分）
- あさり缶………………………… 1/2缶(身と汁を合わせて60g)
- ベーコン……………………25g
- 玉ねぎ・セロリ・にんじん…… ……………………各1/8個
- じゃがいも……………1/4個
- 米……………………大さじ2
- 水・トマトジュース（無塩）…… 各150ml
- 塩……………………………適宜

つくり方

❶米を洗って30分浸水させてから、水気をよく切る。ベーコン、玉ねぎ、セロリ、にんじん、じゃがいもは1㎝角に切る。

❷鍋にすべての材料を入れて熱し、ひと煮立ちしたら弱火で5分煮る。火を止めて、塩で味を調える。

❸②をスープジャーへ移してフタをし、4～5時間蒸らせば完成。

POINT　吸収率の高いヘム鉄を多く含むあさりにたんぱく質やビタミンCをプラスして貧血予防。さらに炭水化物をプラスすれば栄養満点の一品に。

体力・気力を補う鶏肉で、つらい時期を乗り切ろう！

鶏肉と野菜のスープカレー　晩ごはん

材料（2人分）

- 骨つき鶏もも肉………………2本
- 塩………………………………鶏肉の重量の1%
- 水………………………………800ml
- トマトジュース（無塩）………100ml
- カレールゥ………………………2かけ
- 季節の野菜（にんじん、じゃがいも、れんこん、ピーマン、なす、かぼちゃなど）
  ………………………………2切れずつ
- ゆで卵…………………………1個
- 温かいごはん…………………茶碗2杯分

つくり方

❶鶏肉に塩をもみ込む。ピーマン、なす、かぼちゃを油で揚げる。ゆで卵は縦半分に切る。
❷鍋に鶏肉、根菜類、水を入れ、具材が柔らかくなるまで30～60分煮込む。
❸②にトマトジュース、カレールゥを入れ溶かし、ひと煮立ちさせる。
❹スープ皿に鶏肉と①の揚げた具材を並べ、③のスープを静かに注ぐ。ごはんを添え、スープに浸しながらいただく。

POINT

受験生に必要な体力、気力を補う鶏肉を食べて、合格を取りに行く。ビタミンCを含む野菜を組み合わせることで吸収率がアップ。

包丁いらずの手軽さで栄養素を効率よく摂取！

さば味噌トマトパスタ　晩ごはん

材料（2人分）

- さばの味噌煮缶……………1缶（200g）
- カットトマト缶……………1/2缶（200g）
- 玉ねぎ……………………1/2個
- にんじん…………………1/4本
- しょうが…………………1/2かけ
- 油…………………………小さじ2
- パスタ……………………120g
- 塩（ゆでる用）……………湯の1%の重量

つくり方

❶玉ねぎ、にんじん、しょうがをすりおろして鍋に入れ、油を加えて甘みが出るまで弱火で炒める。

❷①にさばの味噌煮缶、トマト缶を汁ごと加え、さばをほぐしながら、汁が2/3量になるまで煮詰める。塩（分量外）で味を調える。

❸湯を沸かして分量の塩を加え、パッケージの表記どおりにパスタをゆでる。湯を切り、②のソースを和える。

POINT
相性のいいさばとトマトは缶詰を使えば特有の臭みが和らぎ、脳の働きが活性化する栄養素を包丁を使わずに効率よく摂取できます。

ビタミンCたっぷりのブロッコリーを使った人気中華メニュー！

ブロッコリービーフ　晩ごはん

材料（2人分）

- 牛切り落とし肉……………………………………100g
- ブロッコリー………………………………………1/2個
- オイスターソース・砂糖・酒・片栗粉・油…………各大さじ1/2

つくり方

❶ブロッコリーは小房に分ける。鍋に湯を沸かし、塩（分量外）をひとつまみ入れてゆでる。

❷ポリ袋に牛肉と調味料類を入れてもみ込む。袋の中身をフライパンに移し、蓋をして蒸し焼きにする。

❸に②と①を加え、混ぜ合わせる。

POINT

アメリカの中華料理店で定番の人気料理。ヘム鉄を多く含む牛肉にブロッコリーのビタミンCを合わせて貧血予防に。

まぐろのDHAとEPAで脳を活性化！

アヒポキ丼（ハワイのまぐろ丼） 晩ごはん

材料（2人分）
- 温かいごはん……………丼2杯分
- まぐろ（刺身用）…………200g
- 醤油・ごま油……………各大さじ1
- 白いりごま………………少々
- アボカド…………………1/2個
- レモン果汁………………適宜
- 小口ねぎ…………………適宜

つくり方

❶まぐろは1.5㎝の角切りにし、醤油・ごま油、白いりごまで和える。
❷アボカドは皮と種を取り除き、1.5㎝の角切りにしてレモン果汁をかける。
❸器にごはんを盛り付け、①、②をのせ、小口ねぎを散らす。

POINT 刺身を使うことで、火を使わずに脳の働きを活性化させる魚の栄養素DHAとEPAを無駄なく摂取することができます。

サケの栄養素が目の疲れの回復をサポート！

サケの紙包みちゃんちゃん焼き　晩ごはん

材料（2人分）

- 生サケ（切り身）…………………2切れ
- キャベツ…………………………1枚
- しめじ……………………………1/4パック
- にんじん…………………………1/8本
- 味噌・甘酒………………………各小さじ2
- バター……………………………適宜

つくり方

❶キャベツ、しめじ、にんじんは食べやすい大きさに切る。味噌と甘酒は混ぜ合わせておく。

❷オーブンペーパーに生サケ、①の野菜類を置き、甘味噌をかけてバターをのせて全体を包む。

❸ 200℃のオーブンまたはフライパンで10分ほど蒸し焼きにする。

POINT　サケのビタミンAやアスタキサンチンが目の疲れの回復をサポート。油脂と一緒に調理することで、豊富な栄養素が溶け出し吸収率アップ。

レシチンとDHAで記憶の定着をサポート！

ツナの卵とじ丼　夜食

材料（2人分）
●温かいごはん……………茶碗2杯分
●卵…………………………2個
●ツナ缶（油漬け）…………1缶
●玉ねぎ……………………1/4個
●水…………………………100ml
●醬油………………………小さじ1
●三つ葉……………………適宜

つくり方
❶卵は溶きほぐす。玉ねぎは薄切りにする。
❷フライパンにツナ缶を油ごと入れ、①の玉ねぎを入れて中火で炒める。玉ねぎがしんなりしたら、水、醬油を加えて混ぜる。煮立ったら玉ねぎが透明になるまで加熱し、溶き卵を回し入れる。蓋をし、半熟状になったら火を止める。
❸器にごはんを盛り、②をのせ、三つ葉を飾る。

POINT
神経伝達物質であるアセチルコリンの材料となる卵のレシチンとまぐろに含まれる栄養素DHAが記憶の定着をサポート。

良質な睡眠をサポートするストレス解消メニュー！

豆乳担々うどん　夜食

材料（2人分）

- 冷凍うどん……………………………2玉
- 鶏ひき肉………………………………50g
- チンゲン菜……………………………1株
- おろしにんにく・おろししょうが…各1/3かけ分
- 甜麵醬（テンメンジャン）…………小さじ1
  （※なくても可）
- 味噌……………大さじ1
- 白いりごま……小さじ2
- 無調整豆乳……150ml
- 水………………150ml
- 白いりごま……適宜
- 油………………適宜

つくり方

❶冷凍うどんはパッケージの表記通りに解凍する。チンゲン菜は熱湯でゆでて水気を切る。

❷鍋に油、おろしにんにく、おろししょうがを入れて熱し、香りが出たら鶏ひき肉を加えてそぼろ状になるまで炒める。甜麵醬、味噌を加えて炒め合わせる。火を止め、水、無調整豆乳を加えて混ぜ合わせ、ひと煮立ちさせる。

❸器に①のうどんを盛り、②を注ぎ、①のチンゲン菜をのせ、白いりごまをかける。

POINT　心を安定させるセロトニン、良質な睡眠を促すメラトニンの原料になるトリプトファンを含む豆乳で受験勉強のストレスを解消。

大きめに切った食材で噛む力アップ！

味噌バターポトフ 夜食

材料（2人分）

- ウインナー…………………4本
- じゃがいも…………………1/2個
- にんじん……………………1/4本
- キャベツ……………………1/8個
- かぼちゃ……………………2切れ
- 水……………………………400ml
- 味噌…………………………大さじ1
- バター………………………適宜

つくり方

❶野菜類は食べやすい大きさに切る。
❷鍋にウインナー、①、水を入れて柔らかくなるまで煮る。
❸火を止めて、味噌を溶き入れる。器に盛り付けて、バターをのせる。

POINT 食材を大きめに切ることで、噛む回数が増えて唾液をしっかりと出し、消化吸収を促します。バターのコクと香りで満足度アップ。

忙しいときに便利な包丁不要メニュー！

鯛茶漬け　夜食

材料（2人分）

- 温かいごはん……………茶碗2杯分
- 鯛（刺身用）…………………6切れ
- 醤油・みりん……………各小さじ2
- 白すりごま………………小さじ2
- 三つ葉……………………適宜
- 刻みのり…………………適宜
- あられ……………………適宜
- だし汁……………………適宜

つくり方

❶フライパンにみりんを入れて中火にかけ、半量になるまで煮詰めたら火を止める。
❷①に醤油、白すりごまを加えて混ぜ、鯛の刺身を加えてからめる。
❸器にごはんを盛り、②をのせる。三つ葉、刻みのり、あられをのせ、だし汁をかける。

POINT
脳の働きを活性化させる魚の栄養素DHAとEPAが効率よく摂れるメニュー。包丁を使わずに調理ができるので、忙しいときに便利。

梅の酸味とはちみつの甘味で食欲増進！

豚キャベツはちみつ梅蒸し焼き　夜食

材料（2人分）

- 豚肉（しゃぶしゃぶ用）……………100g
- キャベツ………………………………1/8個

〈はちみつ梅ソース〉

- 梅干し…………………………………1個
- 水………………………………………大さじ2
- 醤油……………………………………小さじ1
- はちみつ………………………………小さじ1

つくり方

❶〈はちみつ梅ソース〉梅干しは種を取り除き、果肉をたたく。器に入れ、水、醤油、はちみつを混ぜ合わせる。

❷キャベツは食べやすい大きさに手でちぎる。

❸フライパンに②のキャベツを敷き、豚肉をのせる。①のソースを全体に回しかけ、蓋をして火にかける。煮立ったら弱火にし、豚肉の赤みがなくなるまで5分ほど蒸し焼きにする。

※はちみつを使用したものは1歳未満のお子様には与えないでください。

POINT　キャベツと梅干しが豚肉の消化吸収を促し、疲労回復効果を高める食べ合わせ。はちみつをプラスして梅干しを食べやすく。

真夏の水分補給や疲労回復に心強い飲みものです！

手づくりスポーツドリンク　体調を整える

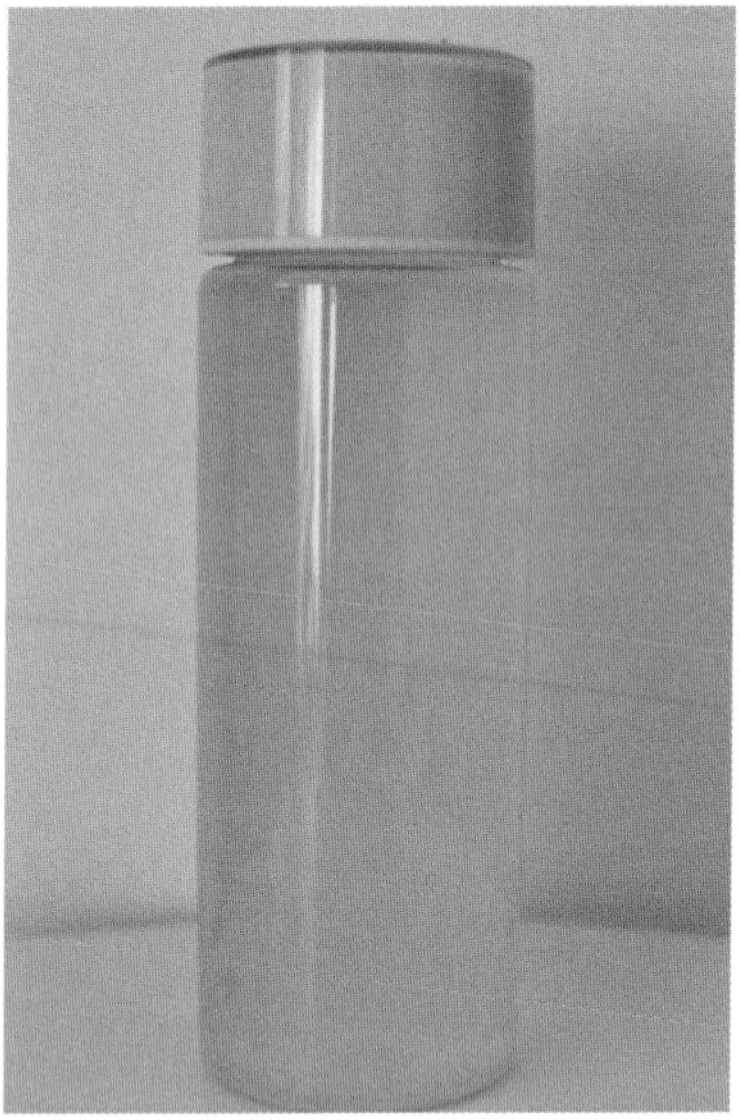

材料（2人分）

- レモン果汁……………………………大さじ1
- はちみつ ……………………………大さじ1
- 塩…………………………………………ひとつまみ
- 水…………………………………………300ml

つくり方

❶レモン果汁とはちみつ、塩を混ぜ合わせる。

❷①を水で割る。

※はちみつを使用したものは 1 歳未満のお子様には与えないでください。

POINT　レモンのビタミン C は免疫力を高め、クエン酸は疲労回復に。
糖分と塩分を合わせることで、体への水分の吸収率を高めます。

ごま油の風味が食欲をかきたてます！

たまご粥　体調を整える

材料（2人分）

- ごはん……………………………200g
- 卵……………………………………2個
- 水……………………………………600ml
- 塩……………………………………2つまみ
- 小口ねぎ……………………………適宜
- ごま油………………………………適宜（※なくても可）

つくり方

❶鍋にごはんと水を入れて熱し、沸騰したら弱火にして水分が少なくなるまで煮る。
❷ボウルに卵を溶きほぐし、①の鍋にゆっくり混ぜながら加える。
❸②の卵に火が通ったら塩で味を調え、火を止める。器に盛り付け小口ねぎをのせ、好みでごま油を回しかける。

POINT　食欲が出てきたら食べたい、体力回復メニュー。仕上げにごま油を少量加えることで、風味が増し、満足度が上がります。

寒い時期や風邪のひき始めに体を温めてくれます！

梅醤番茶（うめしょうばんちゃ） 体調を整える

材料（2人分）

- 梅干し……………………………1～2個
- 醤油……………………………少々
- しょうが……………………………1かけ
- 番茶……………………………湯のみ2杯分

つくり方

❶梅干しは種を取り除く。しょうがはすりおろす。
❷耐熱カップに①、醤油を入れ、梅干しをスプーンでつぶしながら混ぜ合わせる。
❷②に①のしょうがのしぼり汁を少々加え、番茶を注いでかき混ぜる。

POINT 梅干しのクエン酸によって、真夏の熱中症対策をはじめ、疲労回復、整腸作用、寒い季節の風邪のひき始めに体の芯から温まります。

ねぎとしょうがが体の内側から温めてくれます！

サムゲタン風スープ　体調を整える

材料（2人分）

- 鶏手羽元……………………………2本
- 塩……………………………………鶏肉の重量の1％
- 大根…………………………………1㎝
- 長ねぎ………………………………1/4本
- しょうが（スライス）……………2枚
- クコの実（あれば）………………4粒
- 米……………………………………大さじ1
- 水……………………………………600ml
- 酒……………………………………大さじ1

つくり方

❶鶏肉に塩をもみ込む。大根はいちょう切り、長ねぎは斜め薄切りにする。米は洗って水気を切る。

❷鍋に全ての材料を入れ、中火で熱する。沸騰したらアクを取り除き、鶏肉が柔らかくなるまで30分ほど弱火で煮込む。

POINT

発汗作用があるねぎやしょうがで体の内側から温めます。
油を使わず薄味にすることで、病中病後の体への負担を最小限に。

発熱時や風邪のひき始めに回復を早めます！

りんご葛湯

体調を整える

材料（2人分）

- りんご……………………………………………1/2個
- りんごジュース（ストレート）………………200ml
- 水……………………………………………………200ml
- 本葛…………………………………………………大さじ 2
- 塩……………………………………………………少々

つくり方

❶りんごは1㎝の角切りにする。
❷鍋に全ての材料を入れて、中火で熱する。沸騰したら弱火で 5 分間混ぜながら加熱し、全体的にとろみと透明感が出たら火を止める。
❷器に注ぎ、飲みやすい温度まで下げる。

POINT

りんごのペクチンと本葛の相乗効果で腸内環境を整えて、
免疫力を高め、発熱時や風邪のひき始めの回復を早めます。

第6章

受験に役立つ!

「季節の手仕事」12か月

私が主宰する「賢母の食卓」では、「旬の食材を使う」「体調管理ができる」「受験に役立つ」視点で季節の手仕事を行う親子参加型の料理教室を毎月開催しています。台所は学びの宝庫。日本伝統の季節の手仕事・行事食をつくることを通して、5教科の知識が身につく方法をご紹介します。

4月 April いちごジャム
～浸透圧と長期保存のしくみを知ろう！～

桜蔭中学の理科の入試問題にも出題された「いちごジャム」。なぜ、ジャムはとろとろに固まるのか？　なぜ長期保存ができるのか？　ジャムづくりを通して、お子さんの理解が深まるようサポートをしてあげてください。

材料（ビン１個分）

- いちご…………500g（2パック分）
- グラニュー糖…250～500g（いちごの正味量の50～100%）
- レモン汁……… 大さじ1（15ml）

道具

●ボウル　●まな板　●包丁　●厚手の深さがある鍋（酸の影響を受けにくいホーロー鍋や銅鍋がよい）　●耐熱のヘラ
●アク取り　●耐熱のフタつきのビン（あらかじめ沸騰したお湯に入れて、煮沸消毒し、自然乾燥でしっかり乾かす）　●軍手（大人用と子ども用）
●布巾

つくり方

❶ヘタを取り除き、半分に切ったいちごをボウルに入れ、砂糖をかけて1時間～ひと晩置く（いちごを半分に切るのは水分を出しやすくするため）。

❷いちごから水分が出てきたら、水分ごと鍋に移して中火で煮る。

❸ぐつぐつしてきたら、アクを取る。焦げないようにヘラで混ぜながら中火のまま約15分煮る。

❹少しとろみが出てきたらレモン汁を入れる。全体にとろみがついたら火を止め、煮沸消毒したビンに移す。

★ここからは「**脱気**」の手順です。脱気とは、ビンの中の空気を除いて、真空状態にすること。そうすると雑菌が繁殖しにくい状態になり、長期保存が可能になります。

❺ビンの縁よりも少し少なめに（瓶の容量の90～95%）熱いいちごジャムを入れ、軽くフタをする。

❻鍋にビンの9割の高さまで水を入れて、沸騰したら約15分加熱する。

❼ビンのフタを一瞬だけ少しゆるめてからしっかり閉め直し、ビンを逆さにしてそのまま冷ます（ビンを逆さにすることで、ビンの中に残っている耐熱性の微生物が生育することができなくなる）。脱気がうまくいくと、フタの真ん中がペコンと凹《へこ》みます。凹んだ分、空気が抜けているということです。

【こんなことが学べます！】

●いちごに砂糖をかけると、いちごの中の水分がどんどん出てきて、代わりに、砂糖の糖分がいちごの中に入ってきます。これはいちごの中と外側の糖分の濃度を均一にしようとする働きによるもので、この働きを「**浸透圧**」といいます。
砂糖には抱え込んだ水分を離さないという性質があるため、微生物が細胞の水分を奪われて活動できなくなります。それにより、カビが生えたり、腐敗したりということが起きにくくなり、長い期間保存しやすくなるというメリットがあります。
●なぜ、いちごと砂糖を一緒に煮るととろとろになるのでしょうか。これは、いちごなどの果物に含まれる「**ペクチン**」の作用によるものです。ペクチンは食物繊維の一種で、これによっていちごの中にある「酸」と砂糖の中の「糖」が結びついて、とろみになっていくんですね（ゲル化）。いちごのペクチン量は比較的少なめなので、レモン汁で酸を補うことで、よりとろりとした美味しいジャムになります。また、酸は果物の色を鮮やかにする働きもあります。仕上げにレモン汁を入れることでジャムのとろみ具合と色がどのように変化するのかを確認してみるとよいでしょう。
●砂糖の割合が80%以上の場合は脱気後、常温保存が可能。

5月 May 梅シロップ ～浸透圧や比重のしくみを知ろう！～

梅には、小梅・青梅・完熟梅などの種類がありますが、梅シロップに使うのは、5月下旬くらいから出回る青梅。梅シロップをつくる過程でも、浸透圧や比重など中学入試の頻出テーマが見られるので、そのつど注意深く観察してみてください。

材料

● 青梅……1kg　● 氷砂糖……1kg

小梅（梅のカリカリ漬け用）

青梅（梅シロップ用）

完熟梅（梅干し用）

道具

● 3～4L のビン（消毒し水気をよくふき取っておく）● 竹串１本　● 布巾

つくり方

❶梅をやさしく洗い、水に１時間漬けてアク抜きをする。梅の水気を布巾で取る（水気が残っているとカビの原因になるのでしっかりと）。

❷竹串で梅のヘタを取り、ビンに梅と氷砂糖を交互に入れる。

❸ビンのフタを閉めて、冷暗所に置く。一日２〜３回、ビンを軽くゆすり、梅から水分が出てきて、氷砂糖が溶けるまで約２週間経てば完成。梅を取り出して冷蔵庫で保存する。

★できた梅シロップは、・水で割って梅ジュース・炭酸で割って梅ソーダ・かき氷のシロップ・凍らせてシャーベットなどに活用できます！　また、シロップ完成後の青梅は、梅ジャムにしたり、いわしと一緒に煮て「いわしの梅煮」にしたりなど、いろいろな使い道があります。

【こんなことが学べます！】

●４月の「いちごジャム」と同じように、梅に砂糖をかけると、梅の中の水分が外に出てきて、反対に梅の中には糖分が入っていきます（**浸透圧**）。この砂糖を氷砂糖にすると、氷砂糖のほうが溶けにくいので、梅の風味を十分に吸った水分が少しずつ外にしみ出てきます。これが美味しさにつながるのです。溶けた砂糖液は重いのでビンの底にたまり、エキスが出た梅は浮きます（**比重の違い**）。

1日目

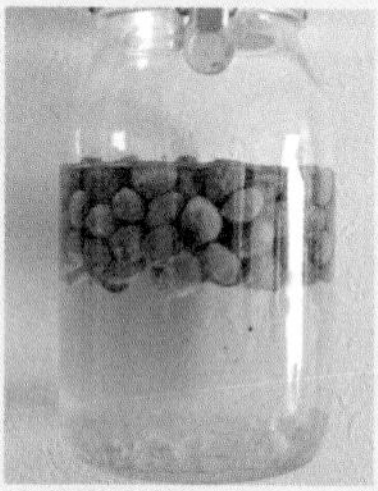
約1週間後

●氷砂糖がない場合は、上白糖やグラニュー糖でも、もちろんＯＫ。他に黒糖やさとうきび糖、てんさい糖などを使って、それぞれの色・香り・味の違いを調べるのも面白いですね。また梅に対する砂糖の割合を変えてみても、味の違いにはっきり表れます。

●いちごジャムだけでなく、梅シロップづくりでも、アルミや鉄の道具を使うのはＮＧ！ **梅の強い酸（クエン酸やリンゴ酸）で表面が傷んでしまう**からです。錆に強いといわれるステンレスも、長時間酸に触れると腐食するので例外ではありません。

●梅シロップの入ったビンを、冷暗所ではなく日の当たる場所に置いておくと、中で泡が発生していることがあります。嗅いでみると、アルコールのにおいが……。これは**梅の実の中の酵母が糖をエサにして、アルコールと炭酸ガス（二酸化炭素）に分解**されたからです（**発酵**）。この場合は、ビンから梅を取り出し、中の液体だけをホーロー鍋に入れて弱火で煮ると、加熱によってアルコールがとんで、それ以上発酵が進むのを止めることができます。取り出した梅は、梅ジャムなどの材料になりますので、捨てないでください。

6月 June 梅干し＆赤しそジュース ～浸透圧のしくみや酸性・アルカリ性を知ろう！～

5月に続き、梅を使った手仕事です。梅干しづくりにおいても、おなじみ浸透圧のしくみが大活躍します。加えて、梅の酸が金属に触れたときの反応や、赤しその色素「アントシアニン」に起こる反応にも注目です。

(1)梅の塩漬け（6月中旬以降）

材料

- 完熟梅……1kg（164ページ写真）
- 塩…………180g（梅の18%）

道具

- ビンなど保存容器（消毒しておく）、または食品用ポリ袋を2枚重ねにする。
- 竹串1本　● 布巾

つくり方

❶梅をやさしく洗う。

❷竹串で梅のヘタを取る。

❸梅の水気を布巾で取る。

❹保存容器に梅と塩を入れて混ぜ合わせる。

梅の塩漬け直後

約5日後

❺密閉して重しをし、冷暗所に置く。梅から水分（梅酢）が出てくるまで置いておく（最低4、5日）。

(2)赤しその漬け込み（6月下旬以降）

材料

- 赤しそ……1袋300g（葉の正味200g ※梅の20%）
- 塩…………40g ※赤しその葉の正味の20%
- 梅酢………約200ml

道具

- ボウル
- 使い捨て手袋（手の着色が気になる場合）

つくり方

❶赤しその葉を摘み、水を2、3回替え、洗う。赤しその水気を切る。

❷塩の半分を加えて、手でしっかりともむ。

❸出てきた黒っぽい水分を絞り、捨てる。

❹残りの塩を加えてもう一度繰り返す。

❺④に梅酢を加えて赤い色を出す。

❻⑤の赤しそと赤い梅酢を梅の塩漬けのビンに入れる。
梅が赤くなるまで2週間から1か月間置いておく。

赤しそ漬け直後

2週間後

(3)土用干し（7月下旬以降）

つくり方

❶梅雨が明けたら、（1）の梅と（2）の赤しそを取り出して水気を切る。赤しそは梅酢を絞り、ほぐして広げる。

❷天気のよい日にそれぞれを竹ざるに並べ、天日干しにする。梅は一日1回上下を返す。梅酢も容器に入れたまま天日干しにする。日が沈む前に室内にすべて取り込む。2日目も同様にする。

❸ 3日目、梅干しは夜も外に出しておき、夜露に当てる。翌朝とりこむ。

❹梅は清潔な保存容器に入れて、冷蔵庫で保存する。赤しそはフードプロセッサー、またはすり鉢ですり、粉状にすればふりかけが完成。梅酢は清潔な保存容器に入れて、冷蔵庫で保存する（梅を梅酢に戻し、冷蔵庫で保存してもよい）。

(4)赤しそジュース

材料

- 赤しそ……1袋300g（葉だけ正味200g）
- 砂糖………300g
- レモン果汁…… 大さじ3
- 水………… 1L

道具

- 鍋
- ざる
- トング

つくり方

❶赤しその葉を摘み、水を 2、3 回替え洗う。

❷鍋に湯を沸かし、①を入れて５分間煮る。

❸しその葉を取り出し、砂糖を入れて煮溶かす。火を止めて、レモン果汁を入れる（味がぼやけるときは、レモン果汁を増やす）。

❹冷めたら、ざるで漉《こ》し、保存容器に移して、冷蔵庫で保存する。賞味期限は約１か月。

【こんなことが学べます！】

●５月の梅シロップづくりのところで、梅は酸が強いので金属製の道具を使うのはＮＧ！　と書きましたが、逆に梅の酸を使って、黒ずんだ10円玉をピカピカにすることもできます。
　10円玉の黒ずみは銅が酸化したことによるもの。梅の汁を黒ずみの上に垂らし、ふきんなどで磨くと、酸化した部分が梅の酸で溶けて、発行したばかりのようなきれいな 10円玉になります。

●赤しそジュースは飲んでももちろん美味しいですが、これを使ってこんな実験もできます。
（a）赤しそジュースに、レモン果汁を加える
（b）赤しそジュースに、重曹を入れる

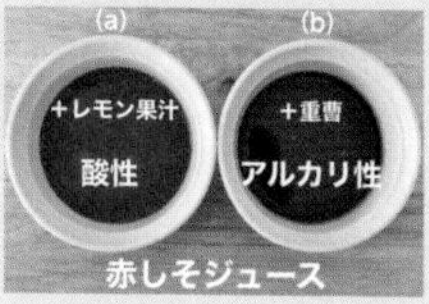

すると、（a）は赤色に、（b）は青色に変わるのです！
秘密は、赤しそに含まれる色素「**アントシアニン**」。
酸性の物質（レモン果汁）に触れると赤色に、アルカリ性の物質（重曹）に触れると青色に変わるという性質があります。リトマス紙と同じですね。
アントシアニンは、ぶどうやラディッシュ、紫いもなど、紫色の果物や野菜に含まれています。身近な食材で試してみるのもいいですね。

7月 July トマトケチャップ ～クエン酸と銅の反応を知ろう！～

ケチャップ＝トマトケチャップというイメージですが、そのルーツは実は中国にあります。また、パスタやピザなどイタリア料理に欠かせない野菜トマトも、原産地は南米。遠く離れた南米の野菜と中国の調味料がヨーロッパで出会った結果生まれたのが、トマトケチャップなのです。

材料

●完熟トマト……1kg（約6個）
●玉ねぎ…………100g（小1個）
●にんにく………1片
●砂糖……………大さじ3
●酢（りんご酢、レモン果汁でもOK）………大さじ3
●塩………………小さじ1
●ローリエ………1枚（あればクローブ、シナモン、黒こしょう、赤唐辛子などを入れても）

道具

●まな板　●包丁　●ざる
●鍋・耐熱ヘラ　●ビンなど保存容器（消毒しておく）　●ミキサー

つくり方

❶トマトはへたを取り除き、一口大に切る。玉ねぎは皮と芯を切り落とし、一口大に切る。にんにくは縦半分に切り、皮と芯を取り除く。このとき、にんにくの芯を取り除くと、においが気にならなくなる。

❷ミキサーに①を入れ、なめらかになるまで攪拌《かくはん》する。ボウルの上にざるを置き、ゴムベラを使って濾す。ミキサーがない場合は、①の材料を細かく切って鍋に入れてもOK。

❸鍋に①、残りの材料をすべて入れ混ぜ、中火で熱し、煮立たせる。弱めの中火にし、ときどき混ぜながら、3分の1の量になるまで30分ほど煮詰める。アクを取りすぎると、野菜の旨みがなくなってしまうので、最初の泡だけでOK。

❹保存容器に入れ、冷蔵庫で保存する。

【こんなことが学べます！】

●トマトの原産地は南米のアンデス高原で、そこからメキシコなどを経て、16世紀にスペイン人を通してヨーロッパに伝わったと言われています。
●ケチャップは、今ではほぼトマトケチャップのことを指していますが、もともとは中国で調味料として使われていた「ケ・ツィアプ」（魚醤の一種）がルーツ。これが、17世紀ごろヨーロッパに渡り、18世紀ごろアメリカでトマトと出会って、今私たちが食べているトマトケチャップになったというわけです。
●トマトは江戸時代の初期に日本に渡ったと言われていますが、主に薬用・観賞用で庶民の食卓にのぼっていたわけではありません。それが広く食べられるようになったのは、昭和初期のこと。トマトケチャップは明治の初めにアメリカから伝わり、オムライスやナポリタンなどの洋食の広がりとともに、日本の食生活に浸透してきました。
●日本の生鮮野菜の市場規模で、**トマトは2位の玉ねぎの2倍以上で圧倒的1位**！都道府県の生産量No.1は熊本県（すいかも1位）。日本で食べられるようになったのは近代に入ってからですが、今では日本における野菜の王者といえるでしょう。
●梅干しの汁で10円玉を磨くとピカピカになると書きましたが、トマトケチャップも同じ（マヨネーズも）。トマトケチャップやマヨネーズには酸（クエン酸）が含まれているからです。

8月 August ジンジャーシロップ ～しょうがの効能を使い分けよう～

ジンジャーエールは「大人の飲み物」というイメージですが、しょうがは体にとてもよい食材なので、お子さんにも飲ませてあげたいですね。辛さをやわらげるポイントは、「レモン果汁」です。

材料

- しょうが…………………150g
- 砂糖……………………150g
- 水………………………150ml
- シナモンスティック……1本
- クローブ……………… 5粒
- レモン果汁…………… 小さじ 1/2

道具

- まな板　●包丁　●鍋　●ざる

つくり方

❶しょうがは皮ごと薄切りにする。

❷鍋にレモン果汁以外の材料を入れて熱し、
沸騰直前に弱火にして 15 分煮出す。
火を止めてざるで濾す。

❸粗熱が取れたらレモン果汁を加える。
保存容器へ移し、冷蔵庫でひと晩休ませて味をなじませる。

飲み方

耐熱容器にジンジャーシロップを入れて湯で割ると、
ホットジンジャー（写真）、グラスに氷とジンジャーシロップを入れて
炭酸水で割るとジンジャーエール。
飲むときにレモンを少々絞ると、しょうがの辛さが和らぐ。

ポイント

ジンジャーシロップの色を出すために、
茶色い砂糖（てんさい糖、さとうきび糖など）を使うこと。
大人向けには、唐辛子を加えて作ってもOK。

【こんなことが学べます！】
●生のしょうがに多く含まれる辛み成分の「**ジンゲロール**」には、血の巡りをよくし一時的に発汗を促す作用があります。夏場のむくみ改善や発熱時の解熱におすすめです。
●しょうがを加熱すると、ジンゲロールの一部が、体を芯から温める作用がある「**ショウガオール**」という成分に変化し、体を温める効果が高くなります。
●冷えが気になる場合は、料理や飲み物にスライスまたはすりおろしたしょうがを加え、10分以上加熱するのがおすすめです。
●シナモンには、抗菌作用、体の冷えを取り除く、血の巡りをよくする、発汗・解熱作用（風邪予防やひき始めに◎）などの効果が、また、クローブには、消化促進、胃腸の健康を保つ、炎症や痛みを抑えるなどの効果があると言われています。

9月 September 栗ごはん ～日本の風習を知ろう～

秋は栗が美味しい季節。古くから日本では「重陽の節句」や「十三夜」に栗を使ったご飯やお菓子を食べる風習があります。この日、お子さんと一緒に栗ごはんをつくり、古《いにしえ》の人がどんなことを考えながら食べていたのか、話し合うのも楽しいですね。

材料

- 栗…………300g
- 米…………２合
- 塩…………小さじ１

道具

- まな板　● 包丁　● 炊飯器（または土鍋など）

つくり方

❶栗は水に2時間浸けておく。
米は洗い、浸水させておく。

❷栗のお尻近くを包丁で切り落とす。
鬼皮を手でむく。

❸栗の渋皮を包丁でむく。

❹炊飯器に米、水、塩を入れ、栗をのせてふつうに炊く。

【こんなことが学べます！】

●栗は縄文時代の遺跡からも出土され、古くから日本に根付いている食べ物のひとつ。**生産量日本一は茨城県で、以下、2位熊本県、3位愛媛県と続きます。**

●9月9日は五節句のひとつ「重陽の節句」。この日に栗ごはんを食べるのは、無病息災や長寿を願ってのことで、栗には老化を予防するビタミンCやタンニンなどが豊富に含まれています。

●五節句は重陽のほか、1月7日の人日、3月3日の上巳、5月5日の端午、7月7日の七夕があり、1月7日は七草がゆなど、その日に食べるものもほぼ決まっています。

●毎年9月下旬ごろの「十五夜」にお月見をしながらお団子を食べるご家庭も多いかと思いますが、十五夜に次いで月が美しいとされるのが、10月上旬～11月上旬の「十三夜」です。

●「栗名月」ともいわれる十三夜にも、栗ごはんや栗を使ったお菓子を食べる風習が残っています（ちなみに十五夜には「芋《いも》名月」という別名もあります）。

10月 October いくらの醤油漬け ～日本の風習を学ぼう～

おせち料理に彩りを添えるいくら。なぜおせち料理にいくらが定番なのか、お子さんに教えてあげながら一緒につくると、より理解と味わいが深まりますよ。

材料

- 生筋子……………………1腹＝2本（約300g）
- 酒・醤油・みりん……各大さじ2

※下処理用………………塩・ぬるま湯（40℃）

道具

- ボウル　● ざる　● 鍋　● 保存容器

つくり方

❶下処理用の塩水をつくる。
2Lのぬるま湯（40℃）に対して、塩小さじ2を溶かす。

❷ボウルに①の塩水の一部を入れ、その中で筋子を洗う。
5回ほど水を変えながら筋子をほぐし、卵巣膜から卵をばらしていく。

❸卵巣膜、血管、細かい膜、潰れた卵をすべて取り除いたら、ざるにあげて水気を切る。

❹漬け汁をつくる。鍋に酒・みりんを入れて熱し、アルコール分をとばす。粗熱が取れたら、醤油を加え混ぜる。
保存容器へ移し、③の卵を漬けて、冷蔵庫へ。半日経ったら完成。

漬け汁に漬けた直後

半日後

保存の目安

● 冷蔵庫で１週間　● 冷凍庫で1か月

注意！

筋子は寄生虫のアニサキスが隠れる部分がないので、しっかり洗い、よく確認しましょう。もし心配な場合は、１日以上冷凍したものを解凍してから食べるとよいでしょう。

【こんなことが学べます！】

●筋子はサケ、マスの卵です。ただ、サケとマスに明確な違いはありません。生物学上の分類では、サケもマスもサケ科に属しています。
●英語でサケはサーモン（salmon）で海に降りる個体を、マスはトラウト（trout）で淡水で過ごす個体を指していますが、マスの中にもカラフトマスのように海に降りるのもいて、やはり違いははっきりしないようです。
●筋子はたらこのように卵巣膜に包まれ、卵どうしがつながっている状態でいます。いくらはそれを１粒ずつ取り出してバラバラにしたもの。サケやマスのお腹から取り出したばかりの状態では、「生筋子」と言います。
●いくらの醤油漬けは浸透圧を利用してつくります。卵を覆う膜がフィルター状態になり、それを通して、卵の中の液体が外部の液体（漬け汁）に流れ出します。その後、漬け汁が卵の内部に入っていって、卵の内部と外部のバランスがとれた状態になり、液体の出入りがストップ。こうして、漬け汁の味が染みた美味しいいくらの出来上がりです。
●いくらや数の子（ニシンの卵）は、よくおせち料理などに使われます。卵がたくさん入っていることから、子宝や子孫繁栄の願いが込められているんですね。

11月 November マヨネーズ ～水と油の乳化を知ろう！～

トマトケチャップと並んで人気の調味料のマヨネーズも、自分でつくってみると市販のものでは味わえない美味しさがあります。家にあるものを使って簡単につくることができ、用途も広いのでおすすめです。

材料

- 卵黄……1個分
- 酢……… 大さじ1(15ml)
- 油……… 150ml
- 塩……… 小さじ1/2

道具

- ボウル
- 泡立て器

つくり方

❶ボウルに卵黄を入れて泡立て器で溶きほぐし、塩、酢の順に入れ混ぜる。

❷①のボウルに油を少しずつ加え、そのつど乳化させながら混ぜる。

保存の目安

冷蔵庫で翌日まで

食べ方

●卵サンド　●ツナマヨ　●ポテトサラダ、
●マカロニサラダ　●ゆで野菜につける……etc.

ツナマヨサンド

【こんなことが学べます！】

●マヨネーズの誕生は、18世紀半ばの地中海地方といわれています。語源ともなった港町のマオンで、オリーブオイルと卵黄とレモン果汁を混ぜ合わせたものを肉料理にかけてみたところ、「これは美味しい！」ということで、世界じゅうに広がっていきました。
●日本で初めてマヨネーズがつくられたのは、今から約100年前の1925（大正14）年。キユーピーの創始者・中島董一郎が、アメリカでマヨネーズに出会い、その味と栄養価に注目して、国産化を進めました。
●「水と油」といわれるくらい、水に油を入れても混ざることはありません。これは、「水を構成する分子」と「油を構成する分子」の、それぞれの分子どうしが引き合う力（**分子間力**）に違いがあるからです。**水と油では分子間力の違いが大きい**んですね。実際、水はサラサラしているけど、油はトロッとしていて、違いがはっきりしています。しかし、あるものを加えると、水と油が混ざり合います。それが「卵（卵黄）」。だから酢（水）と油がちゃんと混ざるんですね。
卵黄に含まれるレシチンは脂質の一種で、油と混ざりやすい（**親油性**）、水と混ざりやすい（**親水性**）という性質があります。つまり、どちらとも“仲がいい”。この卵黄が“仲介役”となって、本来は混ざり合わない両者を混ざるようにすることができる。この現象を「**乳化**」といいます。マヨネーズは乳化を利用してつくられた調味料なのです

12月 December スポンジケーキ ～卵の起泡性を知ろう！～

ショートケーキやチョコレートケーキの土台になるのがスポンジケーキ。美味しいケーキ屋さんのスポンジケーキは、ふわふわして口当たりがいいですね。このふわふわ感の理由は、卵の起泡性という性質にあります。

材料（直径18㎝の丸型 1台分）

※材料は全て室温に戻しておく
- 卵………………3個
- 砂糖……………90g
- 薄力粉………… 90g
- バター………… 30g
- 牛乳…………… 大さじ2

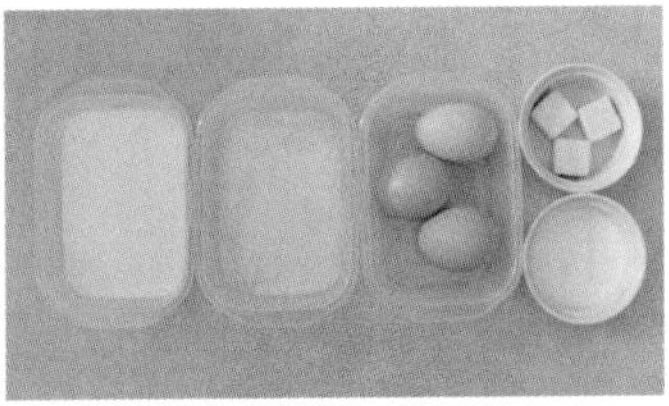

道具

- ボウル　● 粉ふるい　● ゴムベラ　● ハンドミキサー　● ホールケーキ型(直径 18㎝の丸型)　● オーブン

下準備

- 薄力粉はふるっておく
- ケーキ型の底と側面に紙を敷いておく（使い捨ての紙製のケーキ型でもよい）
- 耐熱容器にバター、牛乳を入れ、湯せんにかけて溶かしておく
- オーブンは 170℃に予熱しておく

つくり方

❶ボウルに卵を割りほぐし、砂糖を加えて混ぜ合わせる。
ハンドミキサーの中高速で、生地がもったりとして線が書けるくらいまで泡立てる。仕上げに低速 1 分でキメを整える（湯せんで人肌に温めると早く泡立つ）。

❶

❷①のボウルに薄力粉をふるい入れる。
ボウルは手前に回し、ゴムベラは内側から外側へ大きく生地を切るように、さっくりと 9 割がた混ぜ合わせる。

❷

❸溶かしておいたバター、牛乳へ②の生地を少量入れよく混ぜ合わせてから、②のボウルへ戻してさっくりと混ぜ合わせる。全体的にツヤが出てきたら完成。

つくり方

❹ ③を型に流し入れ、型を台に軽く打ちつけて空気を抜く。170℃のオーブンで約30分焼く。
焼き上がったら、軽く台に打ち付けて生地中の熱い空気を抜き、型から取り出し、ケーキクーラーなどの上で逆さにして紙をつけたまま粗熱を取る。

❺完全に冷めたら元に戻し、ラップなどをかけたりビニール袋に入れたりするなどして乾燥を防ぐ。

保存の目安

● 冷蔵庫で2日　● 冷凍庫で2週間

食べ方

● クリスマスケーキ（日本のショートケーキ）● ティラミス（イタリア）
● トライフル（イギリス）● パフェ（フランス）

スポンジケーキ作りが上手くいかない原因

❶卵の温度が低い
❷卵の泡立て不足
❸砂糖の量が適切ではない
❹粉を加えてから混ぜすぎる

【こんなことが学べます！】

●キリスト教の始祖イエス・キリストの誕生日が12月25日のクリスマス。クリスマスケーキは、いわばキリストのバースデーケーキみたいなものですね。
日本のクリスマスケーキはショートケーキが定番ですが、フランスではブッシュ・ド・ノエル、イギリスではケーキではありませんがクリスマス・プディングを食べて、キリストの誕生を祝います。
●日本で初めてクリスマスケーキを発売したのは、不二家で1910（明治43）年のこと。当時はいちごのショートケーキではなく、ドライフルーツの入ったフルーツケーキに砂糖の衣をかけたものでした。
●いちごのショートケーキがクリスマスの定番になるのは、1952（昭和27）年に不二家がクリスマスセールを実施してからといわれています。
●スポンジケーキの生地をオーブンで焼くと、膨らんでふわふわした食感になります。これは卵の卵白の部分がもつ「**起泡性**」という性質によるもの。起泡性とは文字通り「泡が起きる」で、ボウルに卵白を入れてよくかき混ぜると、泡が立ってきます。
なぜ泡が立つのかというと、卵白に含まれるタンパク質が水と空気の間に入り込むことで、水の**表面張力**が弱まり、水が空気を押し出す力を低下させるからです。その結果、空気が逃げにくくなります。

マヨネーズの乳化のところで、「卵黄が水と油の仲介役」と書きましたが、ここでは「卵白が水と空気の仲介役」というイメージです。

この空気がオーブンの熱によって膨張すると、あの膨らみとふわふわ感が生まれるのです。

1月 January 味噌 ～発酵のしくみを知ろう！～

中学受験でよく出題される発酵のしくみを、味噌づくりを通して学びましょう。一年で一番寒い時期といわれる大寒（1月20日頃）から節分（2月3日）までの間に仕込むと、美味しい味噌ができます。長期保存ができ、味噌玉にすると朝食や塾弁にも使い回せるので、ぜひチャレンジしてみてください。

材料（出来高2kg強）

- 大豆（乾燥）……500g
- 米麹（乾燥）……500g
  （生麹の場合は1kg）
- 塩………………200～240g
  （塩分濃度は全体の12%が目安、許容範囲は5～20%）

道具

●大きめの鍋　●大きめのボウル、または食品用ポリ袋（チャック付き）
●マッシャー、またはめん棒　●フードプロセッサー　●保存容器（2.5Lのもの）　●ざる

下準備

●味噌を仕込む前日に大豆を洗い、大豆の3倍以上の水にひと晩（約12時間以上）浸《つ》ける。大豆は吸水すると、約3倍の大きさになる。
●ふきんなどにアルコールを含ませ、保存容器の内側をふいて除菌する（その前に熱湯消毒をしておくとさらによい）。

つくり方

❶≪大豆をゆでる≫
鍋に、ざるで水気を切った大豆、新しい水（大豆の2倍の量）を入れ、火にかける。途中アクを取り、湯を足しながら、親指と小指でつぶせるくらいの柔らかさになるまで3～5時間、弱火で煮る。大豆の皮が入っていてもOK。ゆで上がったら、ざるで水気を切り、煮汁はとっておく。
※圧力鍋で煮る場合は、圧を抜くところに大豆の皮が詰まらないように注意。

❷≪塩切り麹をつくる≫
乾燥麹の場合は、パッケージの表示通りに戻しておく（生麹の場合はそのまま使用）。大きめのボウルや鍋に、麹と塩を入れ、両手をすり合わせるようにしてよく混ぜる。麹をつぶさないように注意。

❸≪大豆をつぶす≫
大きめのボウルやチャックつき食品用ポリ袋に①の大豆を入れ、温かいうちに、手のひら、マッシャー、めん棒、フードプロセッサー等でペースト状につぶす。このときやけどに注意。

❹ ③の大豆が人肌に冷めたら、②を加えてよく混ぜ合わせる。粘土くらいのかたさが目安。もし、パサつく場合は、①で取っておいた大豆の煮汁を大さじ1ずつ加え入れる。

❺④をだんご状に丸めて味噌玉をつくり、清潔な容器に詰める。上から手のひらや甲で押して、しっかりと空気を抜く。これを繰り返し、最後は表面を平らにする。

❻容器の内側と縁についた味噌をアルコールでふき、味噌の表面が空気に触れないようにラップをはりつけ、重さが均一にかかるよう重しをする（味噌の重量の30%）。

❼直射日光の当たらない、涼しい場所に置く。湿度や温度の高い場所は避け、6 か月〜 1 年熟成させる。味見して、甘みや旨《うま》みが感じられたら完成。好みの味に完成した後は、冷蔵室で保存。発酵を止めて、それ以上熟成が進まないようにする。

※カビが生えたら、カビの部分だけをスプーンで取り除く。
※味噌からしみ出る「たまり」が上がっていたら、味噌に混ぜるか、醤油代わりにいただく。
※大豆だけでなく、ひよこ豆や黒豆など他の豆でも美味しい味噌ができます。

味噌づくりを成功させるポイント

❶材料は正確に計量する。
❷ゆでた大豆は人肌程度まで冷ます（麹菌は 30 〜 50℃でよく働き、60℃以上で死滅し始める）。
❸材料をよく混ぜ合わせる（発酵が均一になる）。
❹容器にすき間ができないよう、空気を抜きながら詰める。
❺風通しのよい冷暗所で保存する（発酵の目安は 6 か月以上）

丸めた味噌に好きな具材を入れて味噌玉に。お湯を注げば、すぐに完成

【こんなことが学べます！】

●味噌が腐敗しにくく、長期間保存できる理由は何か？――これは麻布中学の2022年度入試の理科で出題された問題です。これは、「大豆に塩を高い濃度で加えると、細菌などの微生物が死滅するから」というのが答えになります。

ただ、注意をしていただきたいのは、**微生物の活動には「良い働き」と「悪い働き」の両方があって、前者を「発酵」、後者を「腐敗」と呼ぶ**んですね。もちろん味噌づくりは、微生物のよい働きである「発酵」を利用しています。

味噌の材料に使う米麹は、蒸した米にカビ菌の一種である麹菌を繁殖させたものです（もちろん食品として口に入れても問題ない菌です）。

風通しのよい冷暗所で味噌を保存している間、麹菌によってアミラーゼやプロテアーゼと呼ばれる酵素ができることにより、味噌の原料である米のでんぷん質やたんぱく質などが分解され、ブドウ糖やアミノ酸、脂肪酸が生じます。この現象のことを「発酵」と呼びます。

発酵によってできたブドウ糖は味噌の甘みの素、アミノ酸は旨みの素、脂肪酸は香りの素となります。

●味噌などの発酵食品は**消化や吸収がされやすい**という特長があります（その理由を答えさせる問題が、これも麻布中学で出題されました）。
発酵の過程で、麹菌に炭水化物（米）やたんぱく質（大豆）が分解されて小さな塊となるため、消化や吸収がされやすくなるのです。

2月 Februaryy レモンシロップ
〜レモンの産地は瀬戸内地方です！〜

冬場は空気が乾燥するので、風邪をひいたりなどお子さんは体調を崩しがち。そういうときに心強いのが、レモンのビタミンＣやクエン酸がたくさん入ったレモンシロップ。お湯や水、炭酸水で割ってレモネードやレモンスカッシュにすると、飲みやすく効果的にビタミンＣを摂取できます。

材料（作りやすい分量）

- レモン果汁……100ml
  （生のレモンまたはストレート果汁100％のビン）
- はちみつ………100g

道具

● まな板　● 包丁　● 搾り器、またはフォーク　● ボウル　● ざる　● 保存容器

つくり方

❶レモンは横半分に切る。

❷搾り器またはフォークで①の果汁を搾り、ざるで濾す。

❸②にはちみつを加え混ぜ、すべて溶けたら完成。

❹③を保存容器へ移し、冷蔵庫で保存する。
※生のレモン果汁は風味が抜群で望ましいが、加熱していないので日持ちはしにくいため、1週間以内に飲み切ること。

飲み方

- グラスに氷とレモンシロップを入れて炭酸水で割るとレモンスカッシュに。
- 耐熱容器にレモンシロップを入れてお湯で割るとホットレモネードに。

【こんなことが学べます！】

- レモンの原産地はヒマラヤの東部といわれています。9世紀に地中海に浮かぶ南イタリアのシチリア島に渡り、ここが一大産地になりました。一年を通して温暖な地中海地方は、寒さに弱いレモンの栽培に向いていたのです。
- 日本におけるレモンの生産量は、**1位が広島県、2位が愛媛県、3位が和歌山県。瀬戸内海に面したこの3県で、国産レモンの8割近くのシェアを占めています。**瀬戸内海地方も地中海地方と同じく温暖な気候で、広島では明治時代の半ば頃に栽培が始まりました。
- レモンのシーズンは秋から春先にかけてで、夏はまだ緑色ですが、秋にかけて黄緑色に変わり、冬になると黄色く色づいてきます。
- レモンや梅の酸っぱさの秘密は**クエン酸**。クエン酸には疲労回復の効果があるといわれています。夜遅くまで勉強しているお子さんのために、レモネードをつくってあげましょう。

3月 March 生キャラメル

～メイラード反応とカラメル化を知ろう！～

北海道のおみやげで人気の生キャラメルも自分でつくることができます。キャラメルの色と甘い香りは「メイラード反応」のなせる業。お子さんと手づくりしながら、そのしくみについて一緒に学びましょう。

材料（12×15㎝の耐熱バット1台分）

- 砂糖……………………………………………100g
- 牛乳（生乳100％）…………………………100ml
- 生クリーム（乳脂肪分 35 ～ 45％くらい）…100ml
- バター……………………………………………20g
  - 有塩→塩キャラメル
  - 無塩→通常のキャラメル

道具

- 耐熱バット
- クッキングシート
- 小鍋
- 厚手の鍋
- 耐熱ヘラ
- まな板
- 包丁

下準備

- 型を準備しておく

バットにクッキングシートを敷く。シートをバットよりも一回り大きく切り、四つ角に切り込みを入れ、バットの形に沿って敷く。

つくり方

❶牛乳、生クリーム、バターを小鍋に入れて中火にかける。温まってきて、バターが溶けたら火を止める。 ※沸騰まではさせないように。

❷厚手の鍋に砂糖、水大さじ１（分量外）を加えて弱火にかける。砂糖が完全に溶けて、周りがうっすら茶色くなるまで煮る（カラメル化)。
※このときにヘラで混ぜると、結晶化が起こりやすくなるので注意。

❸一旦火を止めて、②へ①が温かいうちに静かに注ぎ入れ、耐熱ヘラでゆっくりと混ぜながら全体をなじませる。 ※①と②に温度差があると、はねることがあるので、やけどに注意。

❹弱めの中火にかけ、耐熱のヘラで絶えずゆっくりと混ぜながら 10 ～ 15 分ほど煮詰める。 ※脂肪分が分離しないように、ゆっくりと混ぜ続ける。

❺全体が褐色に色づいてきて（メイラード反応)、少しずつとろみがついて、大きな泡が立ってきたら、混ぜながらさらに５分ほど煮詰める。
ヘラで鍋底に線を描くと、跡がすぐに消えず、鍋の底が数秒見えるくらい。また、ヘラですくって持ち上げると、ゆっくりとリボン状に落ち、跡がしばらく消えないくらいまで煮詰めたら火を止める。(このとき約 115℃)
※なめらかで香りのよい生キャラメルを作るためには、焦がさないようにじっくり丁寧に加熱することが重要。

❻火から下ろして熱いうちに、準備しておいたバットに流し入れる。冷めたら、ラップをして冷蔵庫で冷やし固める。

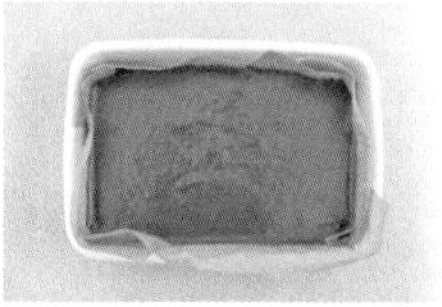

❼固まったら、クッキングシートを外して、包丁で切り分ける。切っている途中で柔らかくなってきたら、再度冷蔵庫で冷やし固めてから切る。

❽１個ずつ、クッキングシートで包み、冷蔵庫で保存する。

保存の目安

● 冷蔵庫で1週間

【こんなことが学べます!】

●キャラメルは10世紀頃、地中海に浮かぶクレタ島で、アラブ人がつくったのが始まりと言われています。11世紀の終わりにはギリシャに遠征した十字軍によって、ヨーロッパにもたされました。
日本で初めてキャラメルを販売したのは、森永太一郎（森永製菓の創始者）で、1899（明治32）年のこと。森永はアメリカで学んだ手法でキャラメルをつくったのですが、最初の頃は日本人が牛乳の味に慣れていなかったり、高温多湿の気候ですぐにべとべとになったり、またかなり高価だったということもあって、なかなか普及しなかったといいます。

その後、改良が重ねられ、1914（大正3）年に東京大正博覧会の特設売り場でのキャラメルが販売されると、爆発的な人気を呼びました。これが現在の黄色い紙箱に入った森永ミルクキャラメルの原型になります。
●キャラメルの材料は、砂糖と牛乳が基本。砂糖と牛乳を鍋で煮詰めると、色が褐色に変化し、甘い香りが漂ってきます。これは**砂糖に含まれる「糖」と牛乳に含まれる「たんぱく質」や「アミノ酸」を一緒に加熱することによって起きる現象で、メイラード反応といわれています**。パンや焼き菓子、肉を焼いたときの色や香りも、メイラード反応によるものです。
メイラード反応は加熱によってだけでなく、熟成によっても起きます。1月のページお話しした味噌の茶色い色や、醬油の濃い褐色もメイラード反応によるものなんですね。
●プリンにかかっている濃い褐色の「カラメルソース」（写真）。これは「**カラメル化（キャラメル化）**」という現象を利用してつくったソースです。
砂糖に水を加えて160℃以上で加熱すると、色が濃い褐色に変化して、甘さに加えて苦みが生じてきます。これは、**砂糖の「糖」が水分を失っていく過程で、酸化することで起きます**。これがカラメル化です。

体験談❸

子ども自らが部活弁当づくり！体調管理のコツも身につく

Sさん（中学3年生の男の子の母）

数年前のお正月、ホテル雅叙園東京で、表さんの味噌玉づくりのワークショップがあり、当時小学5年生だった息子と参加しました。それが思いのほか、楽しかったようで、家でも味噌玉のつくり置きをするようになったのです。ちょうどその頃、息子は塾に通い始めたタイミングでしたので、お手伝いとしても助かりました。

息子は今、中3で受験生ですが、陸上部の活動も続けています。毎週末試合があるような本格的な部活動で、勉強との両立に励んでいます。

今は部活弁当も、本人がつくっています。おにぎりと味噌玉のセットが定番です。週末、試合があると、朝4時に起きるような日もあり、本人は大変ですが、栄養価の高い食材を私が揃えておいて、本人が毎回おにぎりをつくっていきます。

表さんのレシピを参考にするときもあれば、そのとき家にある材料で息子が考えてつくるときもあります。最近息子が気に入っているのは、枝豆と鮭フレークの混ぜごはんのおにぎり。表さんに教えてもらったおにぎりの型でつくると簡単で、3個くらいもって行きます。

味噌玉は、味噌そのものが脳にも体にもよいものですが、加えて、筋肉を動かすのに必要なカルシウムやマグネシウムなどの栄養素が摂れる煮干しや切り干し大根などを具材に入れるなど、本人が工夫してつくり置きをしています。それをお湯で溶かして持参しています。

本人曰く「味噌玉のおかげで足が速くなった気がする」と。体調がよくなった実感があるのでしょう。もともと食事の好き嫌いはない子でしたが、そこに味噌玉が加わって、自分でも体調管理ができるようになったのだと思います。

塾は週2回、平日夜に行っています。それぞれのご家庭の考えがありますが、うちは小学生の頃から一緒に台所に立ち、火を使わせてきました。なので、塾に行く前や帰宅後に、私が所用で留守のときでも、味噌汁をつくったり、温め直したりとやってくれるのでとても助かります。

おにぎりの中身は、おかか醤油。味噌汁の中身は、味噌玉＋具材（高野豆腐・切り干し大根・キャベツ・赤パプリカはすべて乾物）

味噌玉で心も体も安定。自己肯定感もアップ！

中学受験のときは、3校受験して私立の2校に合格をいただきました。よく考えた結果、そこには進学せず、公立の中学校に進みましたが、高校受験では、以前考えていたよりもランクの高い学校を視野に入れることができています。

今の子どもたちを見ていると、模試での偏差値、学年で何番、部活では何位と、数字の結果がどこでもついて回り、私の時分よりはるかにプレッシャーを感じる中で切磋琢磨《せっさたくま》しているように思います。

息子は、「味噌玉を食事に取り入れてから、集中力がついたよね」とも言っていて。表さんが、体は3か月で変化するとおっしゃっていたのですが、息子の場合は、それだけでなく自己肯定感も高まったようです（笑）。

食事はやはり生きる基本です。息子は思春期を迎えて、心身ともに大きく変化・成長している真っ最中。その中で、自分で料理をしたり、体調管理のコツを身につけられたことが本人の自信につながっているのかもしれません。それは、親としても大きな安心です。

体験談❹

食事の見直しで3大アレルギーを克服！料理のお手伝いで手先が器用に

Kさん（3歳の男の子の祖母）

孫には卵・牛乳・小麦の3大アレルギーがあり、1歳の終わり頃にはそれで入院したこともありました。小柄な体格で、少し言葉も遅かったので、そばで見ていて、「この子は大丈夫かしら」「私に何かできることはないかしら」と役立つ情報を探していたときに、「賢母の食卓」と出合い、3歳から対象の講座を全6回受講しました。

それまでは、「お腹がすいた」と言われたら、「早く何か食べさせてあげないと」という気持ちもあり、即席のだしなどをパパッと使って美味しければいいと考えていました。でも、生味噌や、精製されていないミネラル分の含まれている塩や砂糖などの調味料を使い、おだしも一から取ってお料理をすると、孫はそれまで苦手だった野菜やきのこ類が大好きになって。しいたけやピーマンが嫌いなお子さんは多いと思うのですが、味噌汁の具に入れると、「美味しい、美味しい」と。切り干し大根の味噌汁も大好きですし、にんじんスティックに手づくりマヨネーズ（178ページ）をつけたものもパクパク食べてくれます。

食事のデトックス効果を実感

以前、孫はお医者さんにかかっていて、アレルギーの原因となる食材を一口ずつ食べさせて慣らしていく方法を試していたのですが、それらもどんどん食べられるようになりました。飲み薬や塗り薬も出番が減って、今は肌もずいぶんきれいになりました。

野菜や発酵食品をたくさん食べるようになったり、おやつにしても、さつまいもをふかして皮ごと食べたりするようになったことで、お通じも改善されました。

おぼんに配膳をすることで食事に集中できるように

表さんから、食べるときの姿勢や食事のセッティングについて教わったことも、孫の体質改善につながったようです。

姿勢を保つために足をブラブラさせず、椅子の下に台を置いて足をつけておくことや、毎回おぼんに配膳してから食べる習慣をつけさせると、食事に集中できるようになりました。今は、孫が自分でおぼんに配膳をしています。

今年の6月は、孫と梅ジュースを2回つくりました（164ページ）。孫は、梅と氷砂糖を入れたビンを一日1回振るのが役目。「お砂糖が溶けてきたね」「水分が出てきたね」と毎日観察するのが本当に楽しそうで。「2回目をやろう」と言ったときは、「またできる！」と小躍りするほどでした。

他にも、レタスをちぎったり、枝豆をさやから取り出したり、子ども用のまな板とナイフでブルーベリーの実を切ったり……。大人にとっては当たり前で面倒に感じてしまうようなことも、子どもにとっては新鮮で楽しい遊びになるようで、母親が台所でごはんの準備をしているのを真似するように夢中でやっています。おかげさまで、日に日に手先も器用になっている気がします。

孫を見ていると、表さんがおっしゃるように家事のお手伝いは、「人を育てる」ものだと感じます。孫にとってはまだ遊びの延長ではありますが、いずれ、自分を守り、生き抜く力へとつなげていってほしいと願っています。

表 洋子（おもて ようこ）
医師である父から食の大切さの影響を受けて育つ。大学卒業後にフランスでの料理研修を経て帰国し、行政や企業で料理講師、食育講座を行う。2012年より名門幼稚園から最難関大学まで毎年多数の合格者を送り出している東京都内の大手進学塾で食育担当として働く。メニュー開発、生徒への料理教室、保護者への食育アドバイスなどを行い、のべ1万人の受験生を食事面からサポートする。その経験をもとに、2019年に受験生の親のための料理教室「賢母の食卓」を開講。現在は講座を行いながら、SNSやメディアを通して心身ともに健康になる食のメソッドを発信している。著書に『おにぎりと味噌汁だけ　ほぼ10分で完成！食べて健康になる朝食献立』（柴田重信・監修　ワニブックス）がある。

ブログ　https://ameblo.jp/bienetre101010
Instagram @yoko.omote

中学受験《ちゆうがくじゆけん》は食事《しよくじ》が9割《きゆうわり》
子《こ》どもの学力《がくりよく》を伸《の》ばしたければ、食事《しよくじ》をこう変《か》えなさい

2024年3月30日　初版1刷発行

著　者　表 洋子
発行者　三宅貴久
発行所　株式会社 光文社
〒112-8011　東京都文京区音羽1-16-6
電話　編集部 03-5395-8147　書籍販売部 03-5395-8112　業務部 03-5395-8125
落丁本・乱丁本は業務部へご連絡くだされば、お取り替えいたします。
組　版　萩原印刷
印刷所　萩原印刷
製本所　ナショナル製本

ISBN 978-4-334-10261-6